Red Baron II

Das Offizielle Strategiebuch

Autor

Chris Jensen

Autorisierte Übersetzung der amerikanischen Originalausgabe

Red Baron II

Übersetzung: Oliver Herrmann und Michael Schmithäuser, München
Satz: PC-DTP-Satz A.Kugge, München
Korrektorat: Claudia Mantel-Rehbach, München
Druck: Offsetdruck Heinzelmann, München
Printed in Germany – Imprimé en Allemagne

ISBN 3-7723-4393-7

Inhaltsverzeichnis

Red Baron II

Das Offizelle Strategiebuch

TEMP
ALT
VSI
Airspeed

Kapitel 1

Red Baron II Grundlagen

Herzlich willkommen bei Red Baron II. Das Warten hat sich gelohnt: Mehrere Jahre nach der Veröffentlichung von »Red Baron« hat Dynamix seinen bejahrten Klassiker auf den aktuellen Stand der PC-Technologie gebracht und präsentiert eine Neuauflage des wehrhaften Freiheren – denn Adel verpflichtet. Kein leichtes Unterfangen, denn schließlich gilt es, ein spannendes (wenn auch trauriges) Kapitel der Militärgeschichte so perfekt wie möglich auf dem PC zu simulieren. Red Baron II ist mehr als nur ein einfacher Kampfsimulator. Im Vordergrund stehen die realistische Darstellung der Umwelt und ein nahezu perfektes Fluggefühl.

Red Baron II sorgt für die passende Atmosphäre. Am Boden bekämpfen sich die Armeen, die Artillerie donnert mit ihren Geschützen, und mannigfaltige historische Missionen sorgen für ein intensives Spielerlebnis. Über 39 authentische Flugmodelle stehen bei Red Baron II im Hangar, 21 davon dürfen Sie selbst fliegen. Darunter befinden sich legendäre Flugzeuge wie die Morane Bullet, Fokker Eindecker, die verbesserte Pfalz DXII und die Sopwith Snipes.

Vor allem der Schwierigkeitsgrad wurde bei Red Baron II einer Generalüberholung unterzogen. So können Sie das Spiel nun Ihren persönlichen Fähigkeiten anpassen, bevor Sie sich in die Lüfte schwingen. Das abwechslungsreiche und kartographisch exakt erfaßte Spiel-Terrain umfaßt nahezu 40.000 Quadratmeilen. Der Spieler kann die topographisch wirklichkeitsnah dargestellte Westfront überfliegen und entdeckt dabei viele 3-D-Objekte wie z.B. Kleinstädte, Dörfer, Flugplätze, Brücken, Gräben und Gefechtszonen. Kugeln zersieben Ihr Flugzeug, beschädigen die Holzverstrebungen und zerfetzen die Tragflächen. Die Luft ist erfüllt von Rauchschwaden, Qualm und Explosionen. Spätestens wenn der »Rote Baron« Manfred von Richthofen höchstpersönlich am Horizont erscheint, werden Sie merken, daß Red Baron II weit mehr ist als ein schnödes Action-Spiel. Jedes Ihrer Manöver entscheidet darüber, ob Sie eine Fliegerlegende werden – oder nur ein weiterer Strich in der Abschußliste des Roten Barons.

Viele der heutigen Spieler sind von High-Tech-Jets mit ihren narrensicheren Radarsystemen, hitzesuchenden Raketen und den ganzen anderen hochgezüchteten Accessoires verweichlicht. Schließlich führt dies zu einem gewissen Grad von Bequemlichkeit. Die meiste Zeit verstreicht durch actionsarmes Abfliegen etlicher Flugmeilen. Hinter dem Steuerknüppel eines Flugzeuges aus dem Ersten Weltkrieg gelten andere Regeln. Luftkämpfe in dieser Epoche waren eine Frage des Könnens und der Geschicklichkeit. Um die gegnerischen Flugzeuge zu treffen oder dem Feind zu entkommen, waren die tollkühnen Piloten dieser Epoche auf blitzschnelle Reflexe und den richtigen Instinkt angewiesen.

Und jetzt sind Sie an der Reihe! Stellen Sie keine zu hohen Ansprüche an sich – gerade am Anfang wird Ihre fliegende Holzkiste öfter als Ihnen lieb ist unsanft auf den Boden krachen. Die feindliche Luftherrschaft stellt eine große Herausforderung dar. Doch im Gegensatz zu echten Piloten genießen Sie den Luxus, den Einsatz neu starten zu können und Ihr Glück nochmal zu versuchen. Das konnten die verwegenen Flieger von damals leider nicht, denn sie mußten ihre Fähigkeiten schnell den Gegebenheiten anpassen. Sie flogen in Maschinen, die sich fast tagtäg-

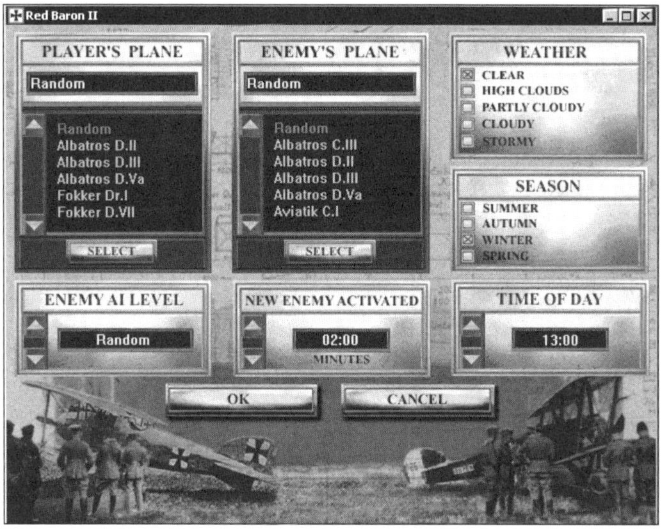

Bild 1.1:
Fly Now – Menü

lich änderten und alles andere als zuverlässig funktionierten. Die Fliegerei steckte noch in den Kinderschuhen, und die Piloten wußten nicht, ob sie den nächsten Tag erleben würden.

Sie als Spieler müssen jedes Flugmanöver mit äußerster Sorgfalt und Geschicklichkeit fliegen, egal in welchem Flugzeug Sie Platz nehmen. Sobald Sie sich in der Luft befinden, müssen Sie auf eine Menge Dinge achten. Dieses Kapitel begleitet Sie auf Ihren ersten Flugstunden.

Abflug!

Der Menüpunkt »Fly now« ist genau die richtige Anlaufstelle für ungeduldige Naturen, die es nicht erwarten können, sich in die Lüfte zu schwingen. Alle wesentlichen Parameter der Mission lassen sich unter dem Menüpunkt PREFERENCES »Einstellungen/Fly now« verändern. Sie haben die Möglichkeit, jedes in Red Baron II verfügbare Flugzeug zu fliegen. Das ist eine hervorragende Chance, alle RBII-Maschinen kennenzulernen und auszuprobieren. Vermeiden Sie aber, sich an eine bestimmte Maschine zu gewöhnen. Denn im »Ernstfall« einer Kampagne haben Sie zu Beginn keinen Einfluß auf die Flugzeug-Auswahl und müssen sich mit dem begnügen, was Ihnen vor die Nase gestellt wird. Die Trainingsmission »Fly now« weiht Sie in die Fertigkeit der Luftgefechte ein und bietet Ihnen neben der Möglichkeit, Ihre Flugkünste zu testen, auch die Auswahl eines bestimmten Gegnertyps an. Für Neulinge ist der Klick auf »Fly now« genau der richtige Einstieg, damit sie in späteren Kampagnen wieder heil auf den Boden zurückkehren. Sehen Sie es einfach als »virtuelle Flugschule«. Die Trainingsmission macht Sie neben verschiedenartigen feindlichen Flugzeugführern auch mit wechselnden Witterungsverhältnissen vertraut.

Jahreszeitliche Wechsel – z.B. Sommer- oder Winterverhältnisse – lassen sich ebenfalls einstel-

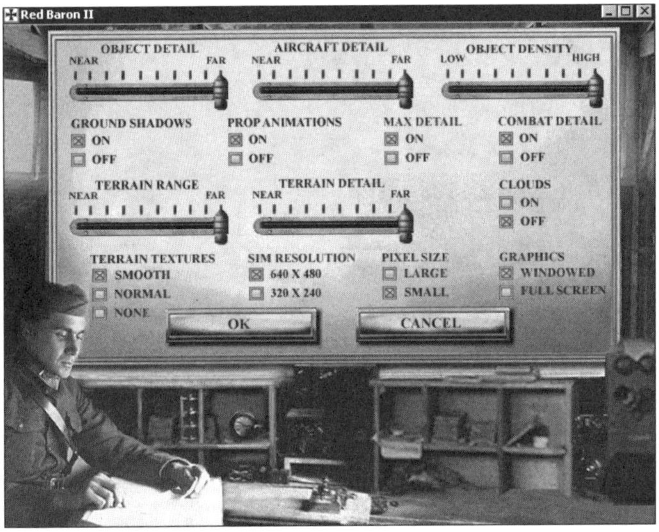

Bild 1.2:
Das Menü für die Einstellung der Grafik

len. Sie sehen – in Red Baron II ist Realismus kein Fremdwort, sondern wesentlicher Bestandteil des Programms. Die künstliche Intelligenz des Feindes ist ein weiterer Punkt, der sich Ihrem Talent anpassen läßt. Den Schwierigkeitsgrad einer Kampagne bestimmen Sie selbst; das Flugverhalten der Gegner läßt sich an Ihre gegenwärtigen Fähigkeiten anpassen. Treten Sie trotzdem nicht zu zimperlich an die Aufgaben heran. Es bereitet wenig Spaß, einen Krieg gegen strohdumme Feinde zu gewinnen. Wenn Sie sich gut vorbereiten und die Gegner gleich scharenweise vom Himmel holen, wird es Ihnen nicht schwer fallen, auch in der Hektik der »echten« Kampfeinsätze einen kühlen Kopf zu bewahren.

Grafikeinstellungen

Abhängig von der Leistungsstärke Ihres Computers stellen Sie unter diesem Menüpunkt die Detailpracht von Red Baron II ein. Falls die Grafik auf Ihrem System ruckelt, stellen Sie die Wolkenwiedergabe auf AUS.

Optisch schön anzuschauen und ein wichtiger Beitrag zur Atmosphäre, zwingt diese Darstellung gerade ältere Prozessoren in die Knie. Wenn Sie partout nicht auf die Wolken verzichten wollen, regeln Sie statt dessen den Detailgrad der Bodentexturen herunter. Diese Einstellung ist nur dann von Bedeutung, wenn Sie knapp über die Landschaft fliegen. Eine deutliche Reduzierung der Bodentexturen sollte selbst auf schwächeren Rechnern eine spielbare Darstellung ermöglichen. Ihr Ziel sollte eine möglichst hohe Bildwiederholrate sein, denn sonst könnte ein turbulenter Luftkampf durch das unerträgliche Ruckeln mit der Explosion Ihrer Kiste enden. Frisieren Sie so lange an den Einstellungen herum, bis Sie die Grafikdetails so eingestellt haben,

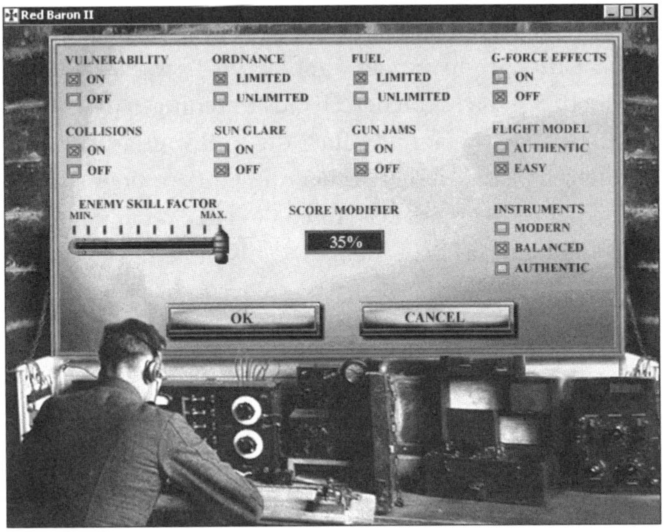

Bild 1.3: Menü für die Einstellung des Realismus

daß die wichtigsten Objekte zu erkennen sind und trotzdem eine flotte Spielgeschwindigkeit erreicht wird. Mit dieser Methode werden Ihnen die zukünftigen Missionen wesentlich mehr Spaß bereiten.

Realismuseinstellung

In diesem Abschnitt finden Sie die Einstellung des Realitätsgrades. Es läßt sich nicht leugnen, daß man besonders als Greenhorn schnell in Versuchung kommt, den Realismusgrad herunterzuschrauben – schließlich erzielt man auf diese Weise die schnellsten Erfolge. Wirklich Spaß macht Red Baron II aber erst dann, wenn man die Schwierigkeits-Latte nach oben legt und den Realismus des Spiels so konfiguriert, daß man wirklich hart um sein virtuelles Pilotendasein kämpfen muß.

Wie dem auch sei – ein Grünschnabel, der zum ersten Mal hinter dem Steuer eines historischen Kampfflugzeuges Platz nimmt, findet hier ausreichend Möglichkeiten, um das Programm seinen Fähigkeiten anzugleichen. Nachfolgend finden Sie die wichtigsten Einstellungen und deren Auswirkungen auf den Spielverlauf.

Verwundbarkeit

Die beste Möglichkeit, seinen Hals aus der Schlinge zu ziehen, ist das Ausschalten der Verwundbarkeit. So können Sie im schlimmsten Kampfgetümmel durch den Luftraum der Westfront fliegen, ohne daß Ihre Maschine den kleinsten Kratzer abbekommt. Auf den ersten Blick eine reizvolle Option, doch widerspricht sie dem Grundgedanken der Simulation. Dieser Schalter ist eigentlich nur für Anfänger gedacht, die überhaupt nicht mit den Herausforderungen des Spieles klarkommen. Das Abschalten der Verwundbarkeit beeinflußt auch die Kollisionsabfrage von Zusammenstößen oder Abstürzen. Ihr Flugzeug kann durch Gegner durchfliegen oder auf den Boden krachen, ohne den geringsten Schaden zu nehmen. Das Abschalten der Verwundbarkeit verringert die erreichbare Punktzahl und sollte nur im äußersten »Notfall« in Betracht gezogen werden.

Bewaffnung

Diese Option beeinflußt die Menge an Bomben und Munition, mit der Ihre Maschine vor dem Start bestückt wird. Im Vertrauen gesagt: Da draußen gibt es zwei Kategorien von Piloten. Erstens die Vorausdenkenden, die Ihren Munitionsvorrat stets im Auge behalten und nur dann feuern, wenn sie ihr Ziel im Visier haben. Und zweitens die Verschwender, die wie vom Teufel geritten wild und unüberlegt um sich ballern. Wenn Sie den Punkt »Bewaffnung« auf »Unbegrenzt« einstellen, verringert das Ihre Gesamtwertung um 25%. Spielern, denen es noch an Treffgenauigkeit fehlt, kommt diese Einstellung sehr gelegen. Wenn mit der Zeit Ihre Erfahrung wächst, kehren Sie zu diesem Menüpunkt zurück und stellen ihn niedriger.

Treibstoff

Auf längere Sicht gesehen, hat der Menüpunkt »Treibstoff« einen eher geringen Einfluß auf den weiteren Spielverlauf. Immerhin müssen Sie sich mit einem unbegrenzten Treibstoffvorrat um einen Punkt weniger Sorgen machen. Aber abgesehen von sehr seltenen, extrem langen Flügen brauchen Sie sich um Ihren Treibstoffvorrat wirklich keine Gedanken machen. Sie werden wahrscheinlich keinen Unterschied bemerken, also belassen Sie die Einstellung auf »Limitiert«. Falls Sie den Schalter dennoch auf »Unbegrenzt« stellen, werden Ihnen immerhin 9% Ihrer Gesamtwertung abgezogen.

G-Kraft-Effekt

Sind Sie es auch leid, daß Ihrer Kiste nach einem heftigen Luftkampf die Tragflächen zerrissen herunterhängen? Schalten Sie einfach den G-Kraft-Effekt auf die AUS-Position, und schon müssen Sie sich an diesem unangenehmen Effekt nicht mehr die Zähne ausbeißen. Besonders für Amateure, die mit den historischen Knatterkisten ihre Schwierigkeiten haben, ist dieser Schalter ein Segen. Dennoch, wer ein echter Pilot ist, macht sich mit jeder Maschine vertraut und studiert ihre Charaktereigenschaften, bis die jeweilige Flugdynamik in Fleisch und Blut übergeht. Falls

Sie nicht am harten, aber spannenden Lernprozeß teilnehmen möchten, stellen Sie den G-Kraft-Schalter auf AUS. Der Preis dafür ist allerdings überaus hoch: 31% der Wertung werden dafür abgezogen.

Kollisionen

Die Luftkämpfe verlangen gefährliche Manöver dicht am Feind. Gerade deshalb lassen sich Zusammenstöße kaum vermeiden. Wenn Sie die Kollisionsabfrage abstellen, können Sie mit einem anderen Flugzeug zusammenprallen, ohne Schaden zu nehmen. Sogar ein simpler Formationsflug mit den eigenen Flügelmännern stellt ein gewisses, nicht zu unterschätzendes Gefahrenpotential dar. Sobald Ihnen die authentischen Flugeigenschaften der Maschinen vertraut sind, kommen Sie zu diesem Menüschalter zurück und passen ihn auf Ihre gestiegene Qualifikation an. Das Abschalten der Kollisionsabfrage schlägt mit vollen 26% der Gesamtwertung zu Buche.

Grelles Sonnenlicht

Blendendes Sonnenlicht ist in Red Baron II nicht nur eine optische Aufwertung des Spiels, sondern Bestandteil einer vernichtenden Taktik. Feindliche Computergegner locken Sie gerne in das grelle Licht der Sonne und nutzen den kurzen Moment Ihrer Orientierungslosigkeit, um sich sofort an das Heck Ihrer Maschine zu heften. Sie können den Feind »überlisten« und diesen Schalter auf AUS stellen. Dafür werden Ihnen vier Prozent der Spielwertung abgezogen.

Flugmodell

Das Flugmodell ist für den Spielverlauf von größter Bedeutung. Wenn Sie den Schalter auf die Position »Authentisch« legen, wird jedes Flugzeug so originalgetreu wie möglich auf Ihre Flugmanöver reagieren. In einem echten Flugmodell müssen Sie sich beispielsweise wirklich anstrengen, um mit der Maschine an Höhe zu gewinnen. Nicht selten wird sich die Kiste unangenehm um ihre eigene Achse drehen. Doch die Devise lautet: So nahe wie möglich an der Realität! Jeder Pilot, selbst unerfahrene Rookies, sollten das authentische Flugmodell wählen. Falls Ihnen die fliegenden Oldtimer gerade am Anfang zu viele Probleme bereiten, bewegen Sie den Schalter auf die Position »Leicht«. Allerdings schlägt diese Unterstützung mit 50% der Gesamtwertung zu Buche.

Feindliche Intelligenz

Abhängig davon, welchen Geschicklichkeitslevel Sie einstellen, wird Ihnen ein Wert von 5% zuerkannt oder abgezogen. Ist der Schalter auf »Maximum« geklickt, setzt der Feind alles daran, Sie vom Himmel zu holen, und zieht dabei sämtliche Register seines Könnens. Selbstverständlich können vorsichtige Naturen den Level auf ein erträgliches Maß herabsetzen. Finden Sie die richtige Balance und reduzieren Sie den Wert nicht so weit, daß überhaupt keine Kämpfe mehr stattfinden. Das wäre doch langweilig, finden Sie nicht?

Bordinstrumente

Unter »authentischen« Instrumenten versteht man das antiquierte Original-Design der Ziffernblätter und Meßgeräte in den historischen Flugzeugen. Es ist angebracht, den Schalter auf »Authentisch« zu belassen, außer Sie verlieren dadurch den Überblick über das Cockpit. Anfänger fliegen am besten mit der Schalterposition »Ausgeglichen«. Dabei werden leicht ablesbare Instrumente mit den original getreuen Meßgeräten dargestellt. Diese Ansicht kostet den Spieler sechs Prozent der Wertung. Verwöhnte Piloten mit einem Hang zum Modernen schieben den Schalter auf die Position »Modern«. Für diese Einstellung kalkuliert das Programm mit 9 Prozent Abwertung.

Erstellung eines neuen Kampagnepiloten

Wir sind nun an dem Punkt angelangt, an dem Ihre Karriere als Pilot des Ersten Weltkrieges beginnen kann. Jeder von Ihnen hat persönliche Vorlieben und Interessen. Sie bestimmen, auf welche Seite Sie sich schlagen, und entscheiden den historischen Zeitpunkt, an dem Sie in die Wirren des Ersten Weltkriegs eingreifen. Am besten, weil realitätsnah, starten Sie im angehenden Jahr 1916 und verfolgen die weitere Entwicklung des Krieges. Falls Sie sich für die deutsche Seite entscheiden, kommen Sie in den Genuß eines beträchtlichen technologischen Fortschritts in der Anfangsphase des Krieges – ganz zu schweigen von den besser ausgebildeten und leistungsfähigeren Piloten. Die Amerikaner mischten sich bekanntermaßen erst später in die Kampfhandlungen ein, genauer gesagt ab 1918. Egal, für welche Seite Sie sich letztendlich entscheiden – Sie müssen das Geschwader bestimmen, für das Sie fliegen möchten. Ihre Wahl wirkt sich auf Ihren Startplatz und Ihr Fluggerät aus. Der letzte Punkt, mit dem Sie sich befassen müssen, ist die Wahl Ihres Dienstranges. Sie sollten sich Ihren Dienstgrad, wie andere Piloten auch, erst verdienen. Setzen Sie ihn daher zu Beginn möglichst niedrig an – zum Beispiel als einfacher Unteroffizier. Mit steigender Rangbezeichnung wächst auch Ihr Ansehen. Lernen Sie so viel wie möglich von Ihrem Geschwaderführer, bis Sie letztendlich selbst zum Staffelführer befördert werden. Denn neben Rechten stehen auch viele Pflichten auf dem Dienstplan.

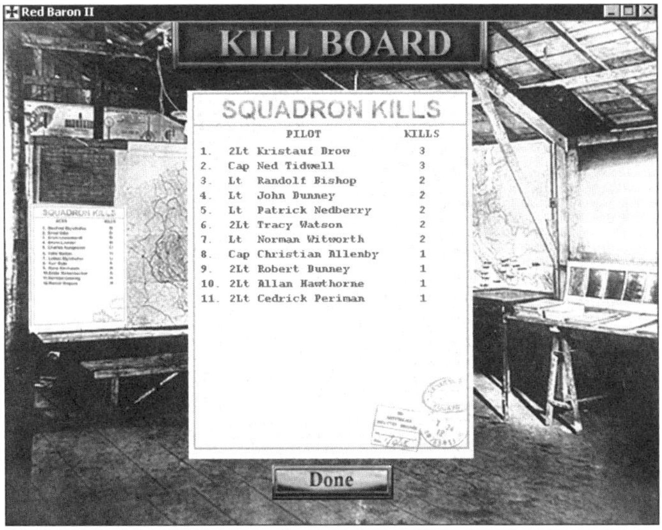

Bild 1.4:
Die Abschußliste zeigt die derzeitige Abschußstatistik.

Geschwader-Optionen

Abschußliste

Die Abschußliste präsentiert Ihnen die derzeitigen Abschußstatistiken für jeden Piloten in Ihrem Geschwader. Für Piloten mit niedrigem Dienstgrad hat diese Anzeige keine große Bedeutung. Doch eines Tages kommandieren Sie Ihr eigene Flotte – spätestens dann ist die Abschußliste von lebenswichtiger Relevanz. Mit einem Blick auf die Anzeigetafel trennen Sie die Spreu vom Weizen – so können Sie absolute Blindgänger für die nächste Mission ausmustern. Wenn Sie z.B. den Auftrag bekommen, ein Bodenziel zu zerstören, werden Sie als routinierter Kommandant eine erfahrene und talentierte Pilotencrew zusammenstellen. Der Einsatz von ungeübten Piloten in kritischen Situationen kommt einem Ticket in die Hölle gleich. Für gewöhnlich verlieren Sie nicht nur die Mission, sondern verschwenden auch noch Menschenleben und Material.

Pilotenakte

Wenn Sie etwas Zeit mit dem Studium von Dossiers verbringen, können Sie viel über den jeweiligen Piloten erfahren. Hinter jedem Namen verbirgt sich der Lebenslauf eines echten Piloten, der zu dieser Zeit gelebt hat. Sie schlüpfen in eine Figur, die wirklich existierte und Kampfeinsätze im Ersten Weltkrieg flog. Anhand der Pilotendossiers können Sie nachvollziehen, wie es den Flugzeugführern in den einzelnen Missionen ergangen ist und welche Medaillen den tollkühnen Männern verliehen wurden. Je mehr Details Sie über Ihr Geschwader in Erfahrung bringen, desto effektiver können Sie Ihre Einsätze planen und ausführen. Wissen ist wahrhaftig ein entscheidendes Machtinstrument.

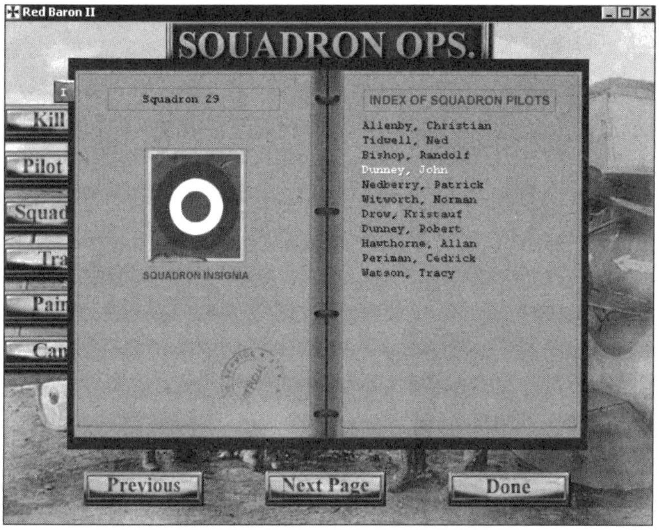

Bild 1.5:
Lesen Sie die Pilotendossiers, um mehr über die Flieger Ihres Geschwaders zu erfahren.

Geschwaderinformation

Das Nachrichtenbulletin für Geschwader dient Ihnen dazu, möglichst viele Informationen über Ihre gegenwärtig zugeteilte Flotte zu ermitteln. Sie erhalten z.B. die genaue Position des Einsatzzieles, die Region, in der die Operation stattfindet, und eine Zusammenfassung der Einsatzstärke des Geschwaders. Diese basiert auf historischen Leistungswerten. Auch über die Anzahl der »Asse« in Ihrem Team werden Sie informiert. Außerdem können Sie nachschlagen, welche Flugzeugtypen Ihnen zur Verfügung stehen.

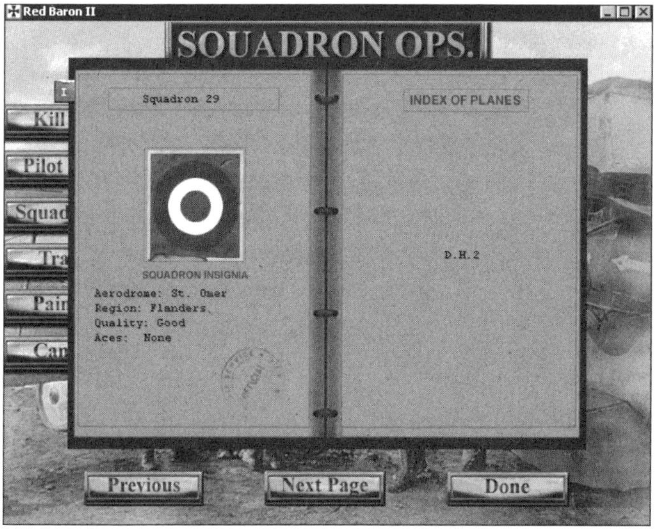

Bild 1.6:
Sobald Sie die Geschwaderinformationen aufschlagen, werden Ihnen alle verfügbaren Flugzeuge aufgelistet.

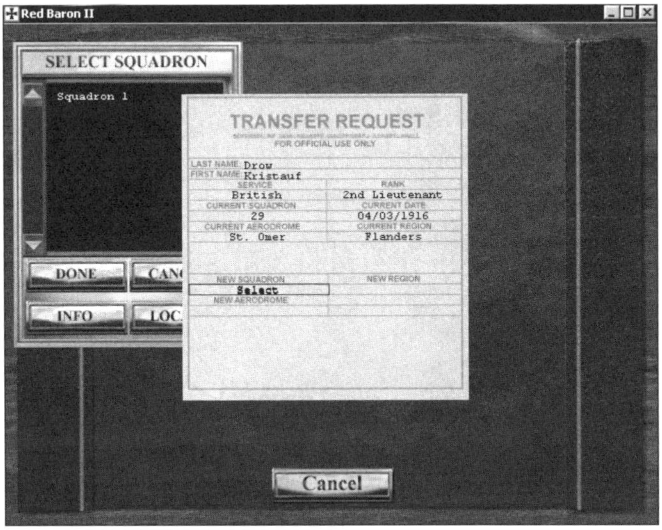

Bild 1.7:
Um zu einem anderen Geschwader zu transferieren, müssen Sie zuerst einen Antrag ausfüllen.

Transfer

Irgendwann ist es an der Zeit, Neuland zu betreten. Um zu einem anderen Geschwader zu wechseln, öffnen Sie den Transfer-Bildschirm. Wenn Sie einen neuen Flottenverband ausgesucht haben, erscheint eine Liste mit den derzeit aktiven und aufnahmebereiten Geschwadern. Ob Sie nun für einen ganz bestimmten Lieblingspiloten den Flügelmann spielen möchten oder einfach nur ein neues Territorium entdecken wollen, bleibt Ihnen überlassen. Fühlen Sie sich völlig frei und entdecken Sie die Faszination der kontrastreichen Möglichkeiten.

Um zu einem besseren Geschwader zu wechseln, müssen Sie entsprechende Qualifikationen vorweisen.

Paintshop

Wenn Sie Ihre eigene Flugzeugstaffel kommandieren oder über den Dienstgrad eines Hauptmanns verfügen, erhalten Sie Zugang zum »Paintshop«. Dort können Sie den Flugzeugen einen individuellen Anstrich verpassen. Das ist besonders in hitzigen Luftschlachten ein großer Vorteil, um eigene Maschinen von feindlichen Flugzeugen zu unterscheiden. Aufgrund dieser Tatsache sollten Sie die Maschinen so bemalen, daß Sie diese schon aus großer Entfernung eindeutig identifizieren können. Vermeiden Sie möglichst eine Tarnlackierung, die schwer zu erkennen ist und gerade in Schlachten, in denen schnelle Reaktion gefragt ist, wertvolle Sekunden kostet. Sekunden, die über Sieg und Niederlage entscheiden. Sicher, einen Schönheitspreis werden Sie damit nicht gewinnen, aber Hauptsache Sie identifizieren schnell die Maschinen, die zu Ihrer Staffel gehören. Vergessen Sie nicht, die Flugzeuge nach erfolgter Bemalung abzuspeichern.

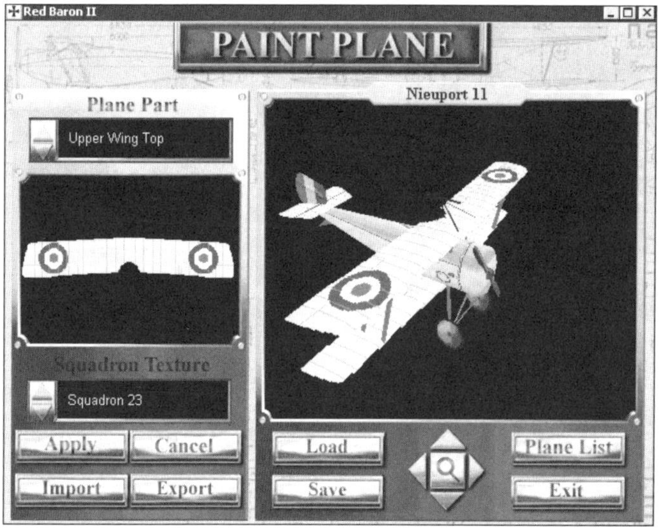

Bild 1.8:
Im Paintshop können Sie das Aussehen der Flugzeuge verändern.

Talent

Top-Piloten-Charakteristik

Sie wollen wissen, welcher Pilot Ihnen noch das Wasser reichen kann? Dann werfen Sie einfach einen Blick auf die Rangliste der Piloten mit den höchsten Trefferquoten. Wundern Sie sich nicht über die vielen deutschen Flugzeugkapitäne im Spitzenfeld der Abschußstatistik. Zu Beginn des

Bild 1.9:
Die Topliste zeigt Ihnen alle Piloten mit fünf und mehr Abschüssen.

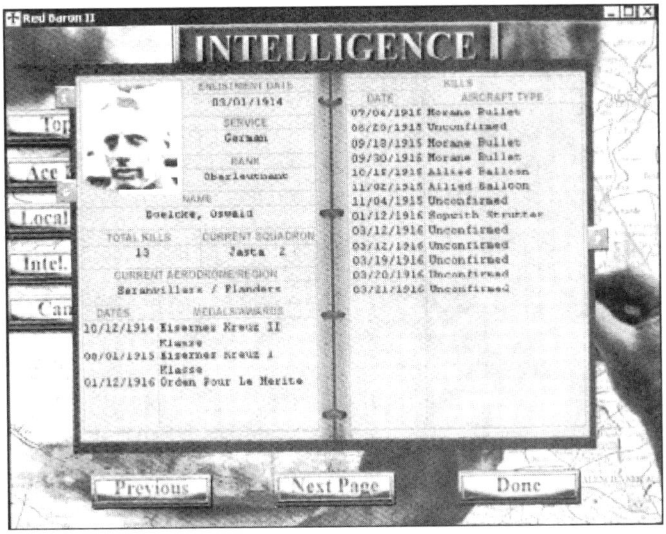

Bild 1.10:
Die Akte der Helden informiert Sie über Hintergründe jedes aktiv fliegenden Piloten-Asses.

ersten Weltkrieges waren die Deutschen dem Feind technologisch überlegen und bewiesen im Luftkampf eindrucksvoll ihre Vormachtstellung. Die Pilotenliste zeigt Ihnen die aktuellen Dienstgrade, Namen der Piloten und deren Abschüsse. Unterschätzen Sie nie den Informationsgehalt dieser Tabelle. Denn sie informiert Sie darüber, welchen Feinden Sie aus dem Weg fliegen müssen. Wenigstens so lange, bis Sie selbst zu den Besten gehören.

Die Heldenakte

Soweit, so gut. Sie haben bereits Bekanntschaft mit den Helden des Ersten Weltkriegs gemacht – doch was genau haben diese Piloten auf dem Kerbholz? Schlagen Sie die Heldenakte auf und lesen Sie mehr über die berühmten Veteranen. Sie können die Ranking-Liste nach Ländern sortieren und weitere Details über die Piloten nachschlagen. Ein Beispiel: Wir schreiben das Jahr 1916, und Sie klicken auf den Piloten Oswald Boelcke. Es erscheint ein kurzer Lebenslauf mit einer Analyse der erfolgten Abschüsse (inklusive Datum und Art des zerstörten Ziels). Noch wichtiger: Sie bringen das Einsatzgebiet des Top-Piloten in Erfahrung. Im Fall Boelcke erkennen Sie unschwer, daß dieser Kämpfer im Aerodrom Seranvillers in Flandern sein Unwesen treibt. Wundern Sie sich also nicht, wenn Sie Hauptmann Boelcke höchstpersönlich begegnen, falls Sie durch flanderschen Luftraum jagen.

Geschwaderübersicht

Nachdem Sie mit Ihrem eigenen Geschwader vertraut sind, ist es unentbehrlich, sich mit den anderen zeitgenössischen Flugverbänden zu befassen. In der Geschwaderübersicht erfahren Sie, wo jedes Land seine Staffel stationiert hat und wie es um die Kampfstärke (Anzahl der Flug-

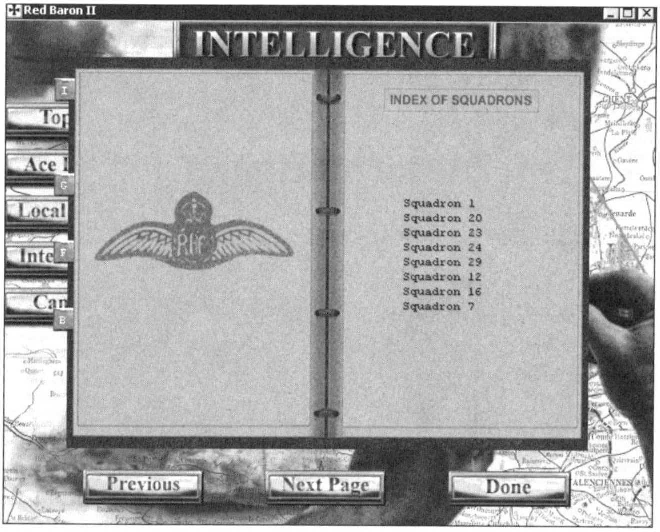

Bild 1.11:
In der Geschwaderübersicht sind sämtliche aktuelle Staffelverbände verzeichnet.

vehikel) bestellt ist. Wenn Sie die Akte genau studieren, erhalten Sie Aufschluß über die Verteilung der Staffeln im Verhältnis zur Karte. Im frühzeitigen Stadium des Spieles sind diese Informationen nur für den Geschwaderkommandanten von Interesse, sobald Sie aber Ihre eigenen Mannen befehligen, sollten Sie sich erst nach dem sorgfältigen Studium dieser wichtigen Unterlagen in die Kämpfe wagen. Die vorliegenden Informationen sind ein wichtiges Planungsinstrument für zukünftige Missionen. Ein leichtsinnig planender Kommandant, der sich nicht genau

Bild 1.12:
Besprechungsraum

mit den Lageplänen beschäftigt, braucht sich nicht wundern, wenn ihn auf einem einfachen Aufklärungsflug Oswald Boelcke ins Visier nimmt und vom Himmel fegt.

Besprechung kriegsrelevanter Informationen

Auch wenn das Besprechungszimmer keinen direkten Bezug zum eigentlich Spiel aufweist, erhalten Sie hier geheime, kriegsentscheidende Nachrichten. So werden Sie über neu entwickelte Artilleriegeschütze informiert oder erhalten Hinweise über Panzer, die durch das Gelände rollen. Kehren Sie im Verlauf des WKI regelmäßig zu diesem Bildschirm zurück, um auf dem laufenden zu bleiben. Außerdem können Sie im Besprechungszimmer feindliches Kriegsgerät identifizieren. Sie wissen dann während der hitzigen Schlachten immer, mit wem Sie es zu tun haben, und sind dem Feind um eine Nasenlänge voraus.

Persönlicher Status

Ein Sprichwort sagt: »Man wächst mit seinen Aufgaben«. Genauso verhält es sich auch in diesem Spiel. Unter dem Menüpunkt »Persönlicher Status« können Sie die Weiterentwicklung Ihres Charakters beobachten.

Die bereits verliehenen Orden mit Dekorationsdatum werden ebenso gezeigt wie erzielte Abschüsse. In unserem Beispiel sehen Sie drei bestätigte Abschüsse – jedes Mal derselbe Flugzeugtyp, abgeschossen während eines einzigen Tages, dem 1. April 1916. Außerdem werden Sie

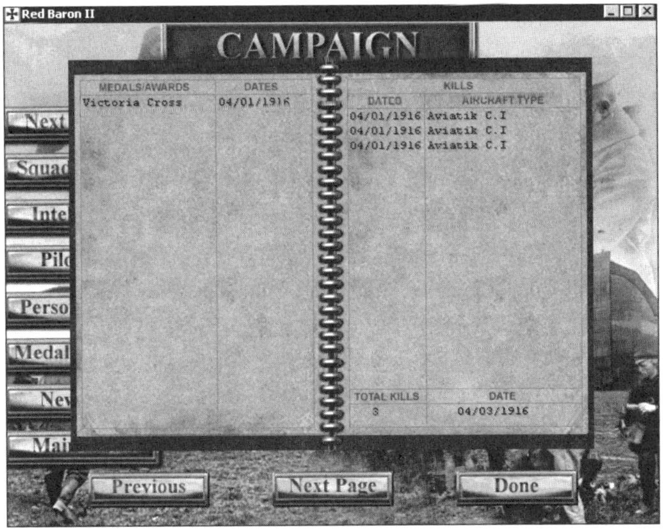

Bild 1.13:
Der persönliche Status gibt Zeugnis über Ihre Pilotenkarriere.

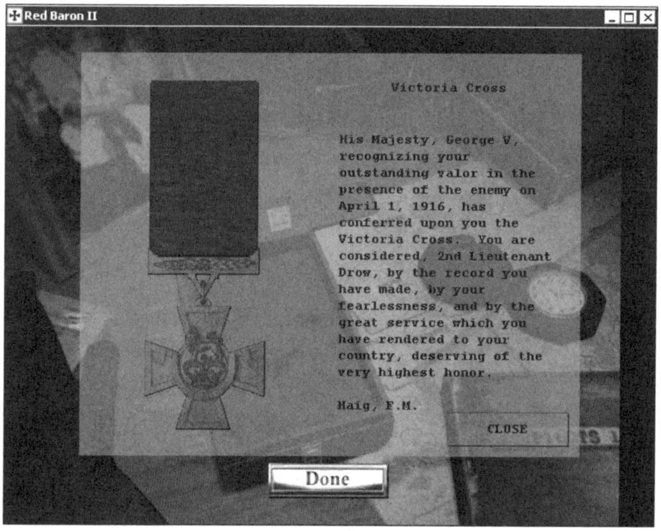

Bild 1.14:
Ein Blick in Ihre »Schmuckschatulle«

bemerken, daß der Pilot für seine Verdienste mit dem »Victorian Cross« ausgezeichnet wurde – fürwahr ein erfolgreicher Tag im Leben eines Piloten.

Belohnungen/Orden

Sie haben hart für Ihre Medaillen gekämpft, also lehnen Sie sich für einen Moment zurück und kosten Sie den Augenblick des Triumphes aus. Die Medaillen haben zwar keinen entscheidenden Einfluß auf das Spiel, nichtsdestotrotz stellen Sie den Beweis für Ihre Fähigkeiten im Luftkampf eindrucksvoll zur Schau.

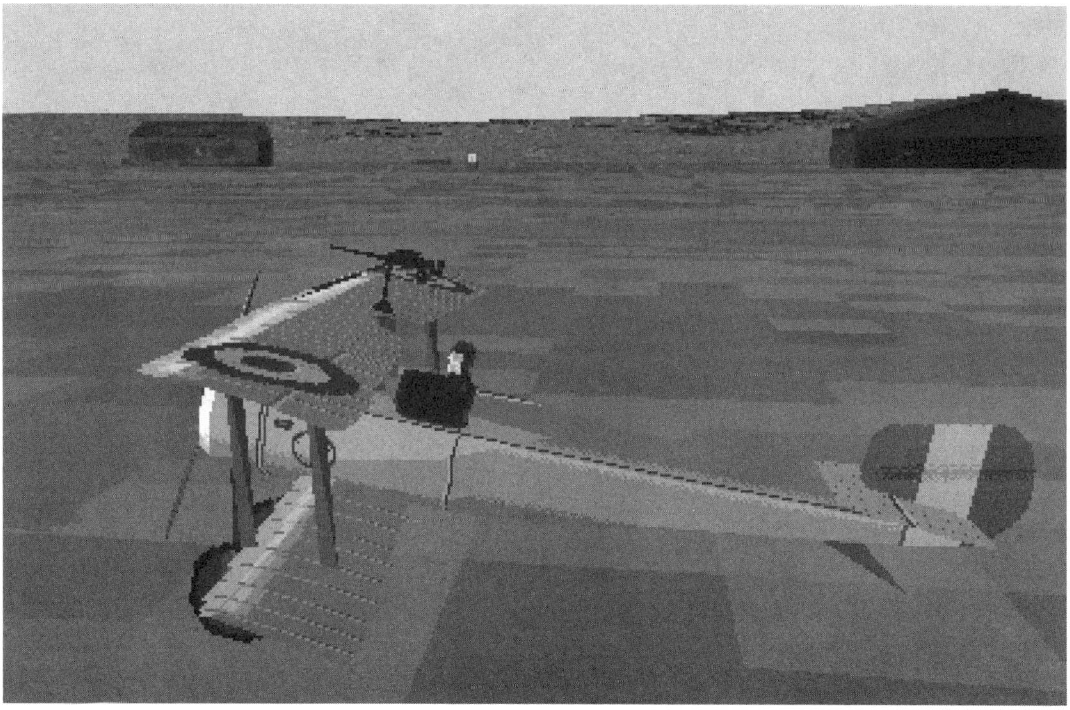

TEMP
Airspeed
ALT
VSI

Kapitel 2

Kriegsführung

Willkommen im Krieg

Sie haben sich für eine Seite entschieden, einen virtuellen Piloten erschaffen und sind einer Staffel beigetreten. Nun ist es endlich an der Zeit, in die Lüfte zu steigen und es mit einem richtigen Gegner aufzunehmen.

Die meisten zeitgenössischen Flugsimulatoren weisen eine lineare Handlung auf. Das bedeutet: Egal, wie Sie sich innerhalb einer Mission verhalten – der nachfolgende Auftrag wird immer derselbe sein. Im schlimmsten Fall müssen Sie die Mission wieder und wieder spielen, bis Sie endlich zur nächsten voranschreiten können. Nicht so in »Red Baron II«. Hier ist Ihr Pilot in eine flexible Handlung eingebaut. Alle Aktionen, Erfolge und Niederlagen einer Mission wirken sich direkt auf den nächsten Auftrag aus. Ein Beispiel: Sie sollen mehrere feindliche Geschützstellungen ausschalten. Wenn es Ihnen nicht gelingt, alle Kanonen zu eliminieren, erscheinen die übriggebliebenen Waffen in der nächsten Mission.

Der Schlüssel zum Erfolg liegt darin, die Mission von vornherein zu durchschauen. Sie sollen nicht einfach nur Ihren Auftrag erfüllen, sondern alle Wege abwägen, die zum Ziel führen. Die Missionsziele sind zwar sehr wichtig, aber sie linear zu erfüllen, bringt Ihnen keinen Erfolg. Ihr Kommandeur gibt Ihnen zum Beispiel den Befehl, nach Feinden Ausschau zu halten. Was nicht heißen soll, daß Sie beim ersten Feindkontakt die Flucht ergreifen sollen. Versuchen Sie stattdessen, den Feind an der Grenze zu stoppen. Jeder abgeschossene Gegner wird Ihnen bei der nächsten Patrouille keine Schwierigkeiten mehr bereiten.

Die Gier nach Abschüssen

Gier ist eine gefährliche Sache. Oft passiert es, daß sich ein Pilot übernimmt – und das bezahlt er mit seinem Leben. Je mehr Sie riskieren, desto einfacher wird es für Ihre Feinde, Ihnen ein Bein zu stellen. Sie sollten folgendes beherzigen: Kümmern Sie sich in erster Linie um Ihr Missionsziel und dann um die zweitrangigen Ziele. Und am wichtigsten: Bringen Sie Ihr »Baby« am Ende der Mission sicher nach Hause. Nur Narren stürzen sich auf alles, was sich bewegt.

Wenn Sie zu den sekundären Zielen übergehen, sollten Sie nicht zu weit von Ihrer Marschrute abweichen. Versuchen Sie möglichst im Umkreis Ihrer Wegmarkierungen zu bleiben und lassen Sie sich um keinen Preis davon abbringen. Hin und wieder wird ein feindlicher Pilot versuchen, Sie in eine Falle zu locken. Er bringt Sie von Ihrer Route ab und lockt Sie an einen Ort, wo seine Freunde von der Artillerie schon auf ihn und seine »Beute« warten. Bleiben Sie standhaft, auch wenn die Verlockung groß ist! Vielmehr sollten Sie erreichen, daß die Gegner zu Ihnen kommen.

Einsatzbesprechung

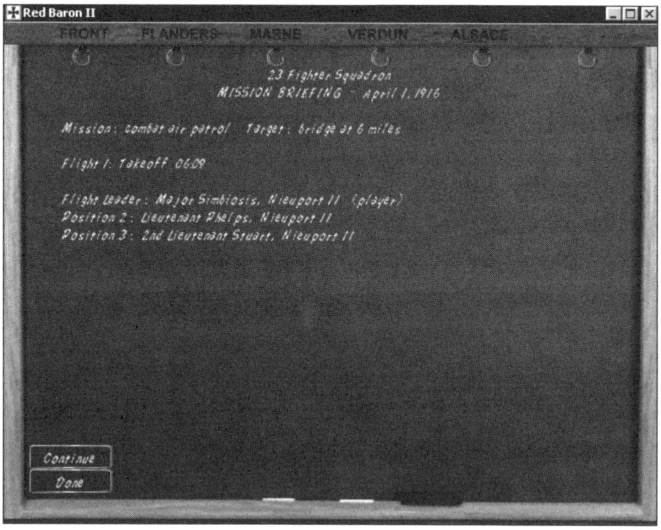

Hier sehen Sie einen Ausschnitt aus einer Einsatzbesprechung. Ganz oben findet sich der Name Ihres Geschwaders (in diesem Fall das 23ste Jäger-Geschwader), gefolgt vom Datum des Einsatzes (der 1. April 1916, allgemein anerkannt als Beginn der Luftkämpfe des Ersten Weltkriegs).

Unter dem Punkt MISSION erfahren Sie einiges über die Art der anstehenden Mission. In diesem Fall müssen Sie Patrouille fliegen – eine nette Umschreibung für »Jagen Sie feindliche Flugzeuge!«. Neben »TARGET« steht »BRIDGE AT 6 MILES.«. Das bedeutet nicht, daß Sie eine Brücke zerstören sollen, die sechs Meilen von Ihnen entfernt ist. Vielmehr ist die Brücke eine Navigationshilfe, die Ihnen als Anhaltspunkt beim Abfliegen der Patroullien-Route dient.

Weiter unten findet sich die Bezeichnung der Patrouille, »Flight 1«, sowie die Startzeit.

Als letztes sehen Sie noch eine Auflistung der Piloten, die an der Mission teilnehmen. In diesem Fall sind es Major Simbiosis, Phelps und Stuart in ihren Nieuport 11.

Nach einem Klick auf die Taste »CONTINUE« erfahren Sie weitere Details über die Mission.

Navigationskarte

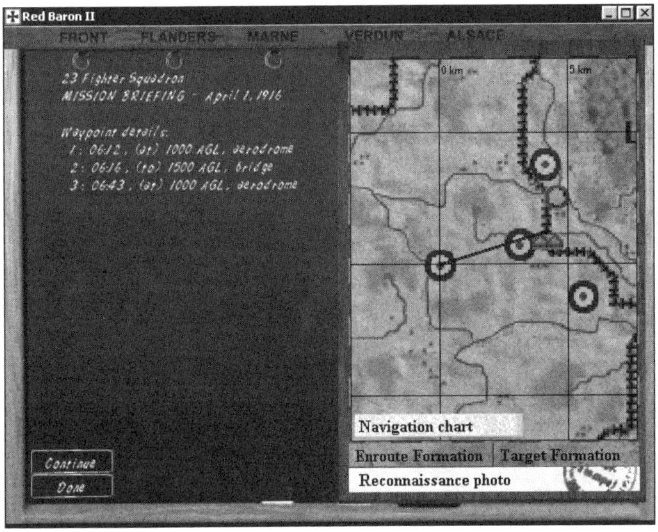

Die folgenden Informationen müssen Sie sich verinnerlichen. Die korrekte Auswertung dieses Bildschirms ist geradezu lebenswichtig, da sie Ihnen alle Aspekte der Mission visuell vor Augen führt.

Auf der rechten Seite des Schirms sehen Sie eine Karte mit Ihrer Ausgangsposition und den Zielpunkten. Laut Einsatzbesprechung sollen Sie eine Patrouille rund um eine rund sechs Meilen entfernte Brücke fliegen. Laut Karte starten Sie von einem Flugplatz, der sich auf der linken Seite der Karte – also im Osten – befindet. Von dort aus fliegen Sie nach Westen, bis Sie die Bahngleise überqueren und die Brücke erreichen. Die Tatsache, daß sich die Brücke in der Nähe der Schienen befindet, wird Ihnen beim Navigieren auf Sicht sehr zugute kommen. So lange sich die Gleise in Sichtweite befinden, wissen Sie, daß Sie sich im richtigen Gebiet befinden. Zusätzlich gibt Ihnen die Karte Aufschluß darüber, wo weitere potentielle Ziele auftauchen könnten. Somit ist es recht unwahrscheinlich, daß wie aus dem Nichts ein feindlicher Zug auftaucht, während Sie sich hinter der eigenen Frontlinie aufhalten. Trotzdem sollten Sie stets die Augen offen halten, wenn Sie sich über Feindgebiet aufhalten, denn man kann ja nie wissen... Das Ausschalten eines beladenen Güterzugs kann sich übrigens äußert positiv auf Ihre Karriere auswirken.

Links neben der Karte finden Sie weitere nützliche Informationen zu Ihrem Auftrag. So sollten Sie am Wegpunkt 1 in einer Höhe von 1.000 Fuß fliegen. Der Flugplatz, gekennzeichnet durch den Kreis nahe der Brücke, ist ein hervorragender Orientierungspunkt, nach dem Sie unbedingt Ausschau halten sollten. An Wegpunkt 2 sollten Sie in einer Höhe von 1.500 Fuß die Brücke überfliegen und dort nach feindlichen Flugzeugen Ausschau halten. Wenn Ihr Patrouillenflug beendet ist, lassen Sie sich unter 500 Fuß fallen, orientieren sich erneut am Flugplatz und steuern die Heimat an.

Wir können gar nicht oft genug wiederholen, wie wichtig markante Orientierungspunkte sind. Damalige Piloten haben endlose Anstrengungen auf sich genommen, um sich mit den Landschaftsdetails vertraut zu machen. Dasselbe wird von Ihnen erwartet. Ohne die herkömmlichen Navigationsmöglichkeiten gehen Sie dort draußen schnell verloren – es sei denn, Sie halten sich an die markanten Wegpunkte und bleiben so stets auf dem rechten Pfad.

Flugformation

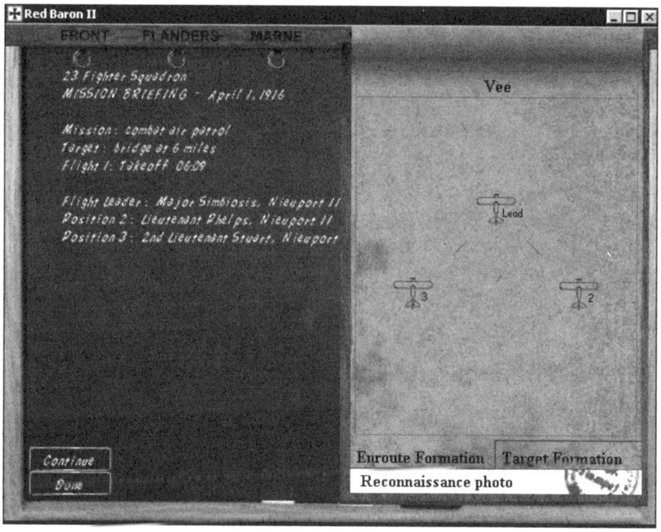

Dieses Bild zeigt Ihnen die geplante Flugformation für eine Mission – die Formation wird dann eingenommen, wenn Sie sich auf Ihr vorrangiges Missionsziel zu bewegen. Korrekter Formationsflug ist ein Schlüssel zum Erfolg. Ihr Flügelmann wird immer versuchen, die Formation beizubehalten, unabhängig davon, was Sie machen. Wenn Sie wild herum fliegen, brechen Sie die Formation unnötigerweise auf. Dann ist Ihr Flügelmann mehr damit beschäftigt, Sie wieder einzuholen, als Sie vor Gegnern zu beschützen.

Zielformation

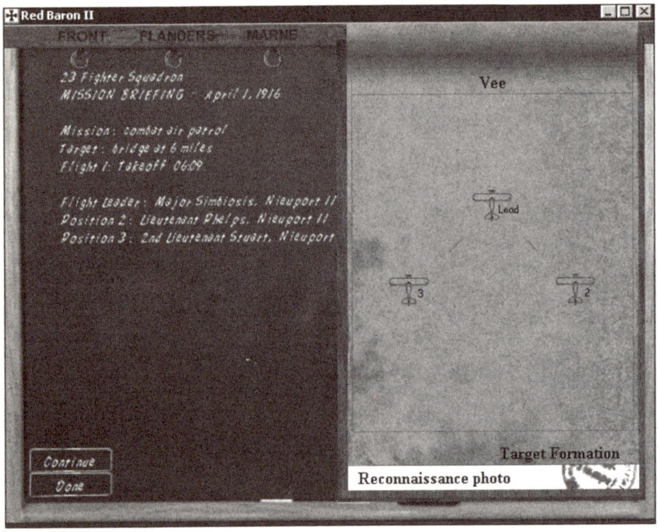

Dieser Bildschirmausschnitt zeigt Ihnen die Formation, die Sie einnehmen, wenn Sie das Ziel erreicht haben. Im Falle dieser Mission wird erwartet, das Sie die Luftkampf-Patrouille in einer »V«-Formation fliegen.

Aufklärungsfoto

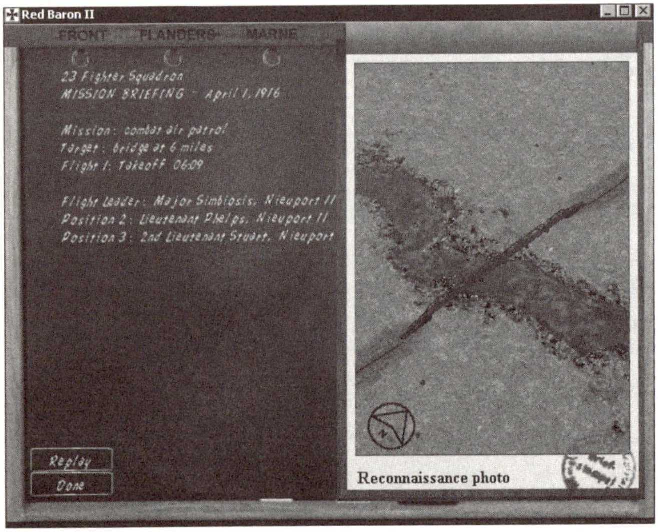

Eines der wichtigsten Hilfsmittel für eine bevorstehende Mission ist ein gutes Aufklärungsfoto. Dieses Bild zeigt Ihnen ein Foto eines Ziels oder des Ziel-Orientierungspunkts, den Sie suchen. In diesem Fall kennen Sie Ihren Auftrag und wissen, daß Sie eine Patrouille über eine sechs Meilen entfernte Brücke fliegen müssen. Dieses Foto zeigt Ihnen ziemlich genau, wie die Brücke aussieht. Wenn Sie in der Luft sind und diese Landschaft überfliegen, dann wissen Sie, daß Sie nun mit dem Aufspüren der feindlichen Maschinen beginnen können. Falls Sie diese Brücke dagegen nicht sehen, wissen Sie sofort, daß Sie vom Kurs abgekommen sind.

Wenn Sie auf den DONE-BUTTON drücken, können Sie direkt zur Mission übergehen oder sich noch mehr Details über den Flugplan zu Gemüte führen. Ein guter Kommandant würde sich den detaillierteren Plan ansehen – also nehmen Sie sich ein wenig Zeit, um zu sehen, was die weiteren Aufzeichnungen zu bieten haben.

Detaillierte Karte

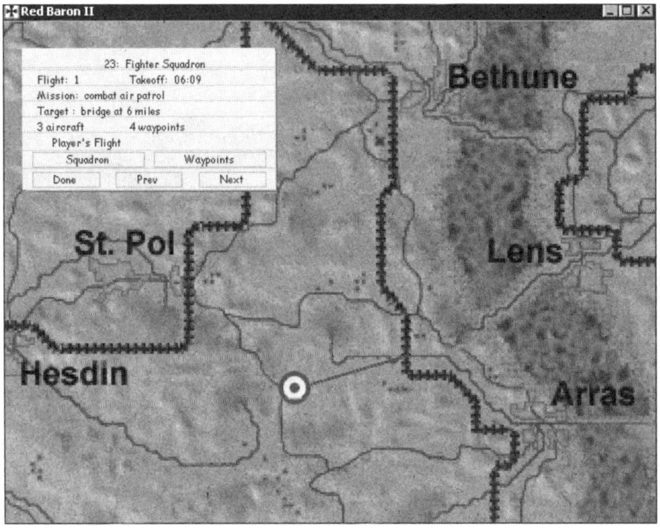

Um die hier dargebotenen Informationen korrekt auswerten zu können, sollten Sie einen Blick auf die Legende oben links werfen. Hier stoßen Sie hauptsächlich auf Angaben, die Ihnen bereits bekannt sind – Geschwader-Bezeichnung, Startzeit, Missionstyp und Ziel-Orientierungspunkte. Wenn Sie auf den Schriftzug WAYPOINT klicken, erscheint der Bildschirm aus Abbildung 2-1.

Nun erhalten Sie eine hübsch detaillierte Übersicht zu Ihrem Flug. Mit einem Klick auf jeden der vier verfügbaren Wegpunkte erscheint ein blinkendes Dreieck auf der Karte, das Ihnen die exakte Position des Wegpunkts anzeigt. In Abbildung 2-1 wurde der Wegpunkt 3 ausgewählt, der von einem Dreieck über den Eisenbahnschienen nahe der Brücke repräsentiert wird. Sie können die Wegpunkt-Details hervorragend zum Kalkulieren des benötigten Zeitrahmens verwenden. Sie müssen die Missionsziele in den vorgegebenen Zeitlimits erreichen, um Ihre Gesamteffektivität zu steigern. Jede von Ihnen verschwendete Sekunde nutzt der Feind zur Verstärkung seiner Verteidigungsmaßnahmen.

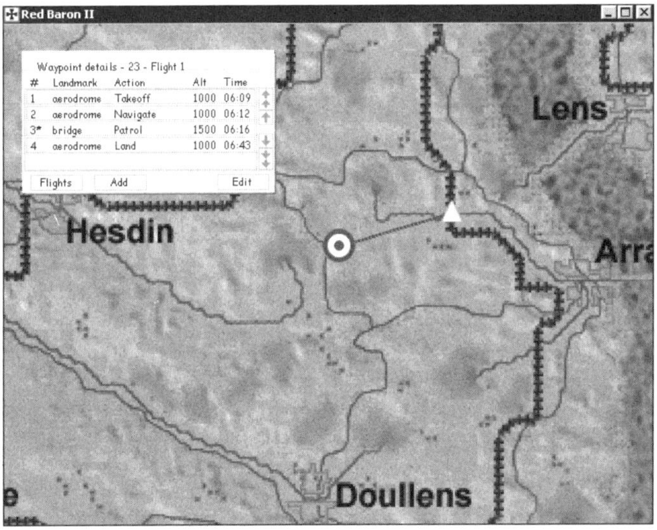

Bild 2.1:
Details der Wegpunkte

Hier dürfen Sie die Wegpunkte verändern, wenn Sie gerade ein Geschwader kommandieren. Um eine andere Annäherungstaktik auszuprobieren, klicken Sie einfach auf »EDIT« und verschieben Sie die vorgegebenen Wegpunkte. In den frühen Kriegsphasen kann sich diese Vorgehensweise als höchst gefährlich erweisen – Sie können ja nicht wissen, wo der Feind seine Stellungen aufgebaut hat. Darum empfehlen wir Ihnen, sich an die vorgegebenen Wegpunkte zu halten, bis Sie sich die anfangs sehr diffuse Lage ein wenig geklärt hat.

Ein Klick auf das Wort »FLIGHTS« in der Legende läßt den Bildschirm aus Abbildung 2-2 erscheinen.

Hier sehen Sie die anderen Flüge, die in Ihrer Staffel geplant sind. Ihre Gruppe ist nicht die einzige, die heute noch starten wird. Sie wissen, daß Sie »FLIGHT 1« sind und als erstes starten werden. Das erklärt auch, warum Sie Patrouille fliegen. Wenn Sie einmal den Himmel von feindlichen Flugzeugen gesäubert haben, werden die es die anderen drei Gruppen bei der Erledigung ihrer Aufträge hoffentlich leichter haben. Denken Sie immer daran: Der Erfolg der Nachzügler ist direkt davon abhängig, wie gut Sie Ihren Job erledigen.

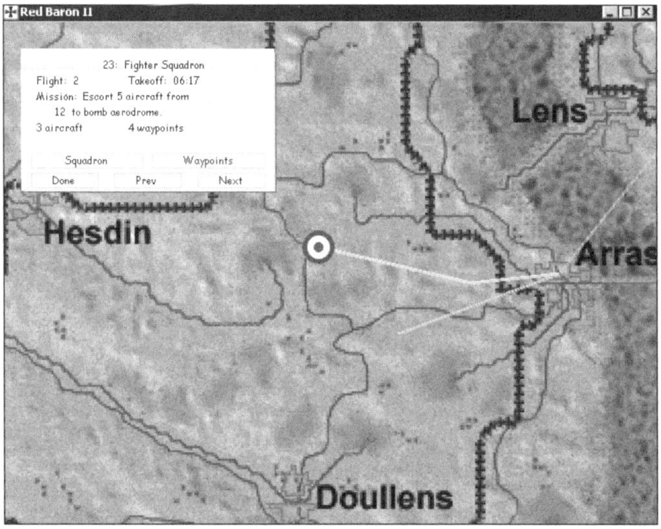

Bild 2.2:
Fluginformation

Aus Bild 2-2 können Sie ersehen, daß Staffel 2 um genau 6:17 Uhr starten wird und nach Westen aufbricht, um einen feindlichen Flugplatz zu bombardieren. Wenn die zweite Staffel unter gegnerischen Beschuß gerät, dann deshalb, weil Sie sich nicht ausreichend um die feindlichen Maschinen gekümmert haben. Dieser Bildschirm zeigt Ihnen, wie sehr es auf das richtige Timing ankommt. Wenn Sie also unnötige Zeit in der Luft verschwenden, riskieren Sie damit das Leben Ihrer Kameraden.

Missionsplanung

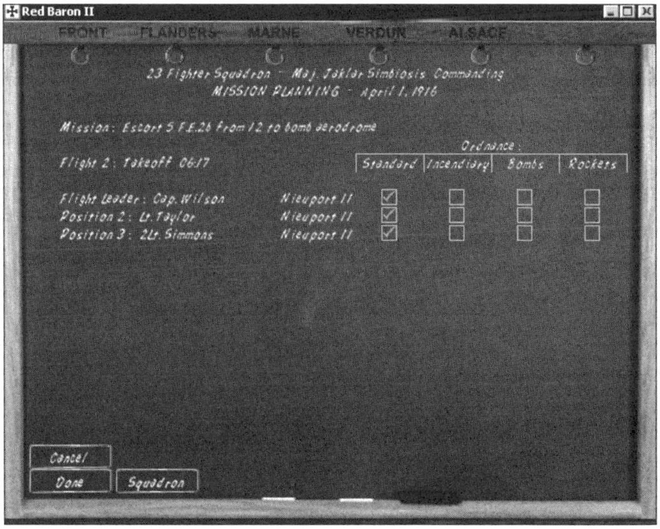

Wenn Sie alle Informationen und den Einsatzplan des gesamten Geschwaders analysiert haben, können Sie immer noch zusätzliche Informationen einholen, um Änderungen in letzter Minute vorzunehmen.

Im Menü aus der obenstehenden Abbildung können Sie die Menge an Munition, die Ihre Flugzeuge bei sich tragen, verändern. Bitte beachten Sie, daß Sie sich auf einem Patrouillenflug befinden. Deshalb macht es wenig Sinn, die Maschinen mit Bomben und Raketen zu überladen. Alles, was Sie brauchen, ist das Standard-Maschinengewehr. Damit bleibt Ihr Flugzeug schnell und wendig – wichtige Eigenschaften, um die Luftüberlegenheit sicherzustellen.

Klicken Sie auf »SQUADRON«, um zur nächsten Sektion überzugehen.

Geschwaderplanung

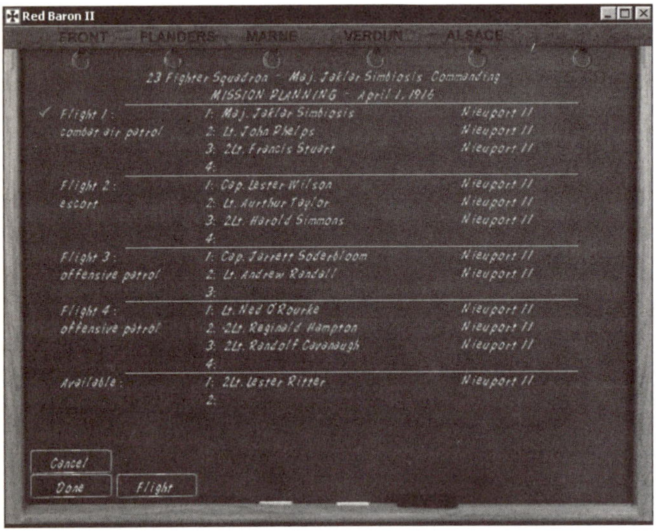

Diese Anzeige gibt Ihnen einen Einblick in die Rollenverteilung innerhalb Ihres Geschwaders. Hier dürfen Sie den Missionstyp für jeden Flug bestimmen, wer die einzelnen Gruppen anführen soll, welche Flügelmänner eingesetzt werden, und welche Flugzeuge sie fliegen werden. Wenn Sie nicht der Befehlshaber sind, dürfen Sie nichts verändern. Wenn Sie dagegen die Kommandogewalt ausüben, können Sie hier direkt in das Pilotenraster eingreifen.

Spätestens jetzt tragen Ihre zuvor angestellten Nachforschungen über die einzelnen Piloten Früchte. Wie Sie sehen, sind Sie in der Staffel 1 der tonangebende Mann, mit Phelps und Stuart als Flügelmänner. Angenommen, der 2nd Lt. Lester Ritter, unten in der »AVAILABLE SECTION«, ist ein Pilot mit größerer Kampferfahrung. Vielleicht sollten Sie dann einen Ihrer Flügelmänner durch Lester ersetzen. Notfalls müssen Sie nochmals zu den Piloten-Dossiers zurückkehren, um effektiv mit den verfügbaren Piloten jonglieren zu können. Sie sollten Ihre Piloten genau aussuchen und von Anfang an überlegen, mit welchen Mitteln Sie Ihr Missionsziel erreichen wollen. Nutzen Sie die Möglichkeit, Piloten von einem Flug zum anderen zu delegieren – jeder Mann sollte seine Stärken perfekt ausspielen können. Wenn Sie dann Ihre Wahl getroffen haben und sich in der Luft befinden, gibt es kein Zurück mehr.

Nachdem Sie sich alle Daten und Fakten verinnerlicht haben – Sie wissen, wo Sie starten, was Sie zu tun haben und wie es mit dem Zeitplan aussieht – können Sie endlich loslegen. Drücken Sie »DONE« und anschließend »FLY MISSION«, und Sie werden sich im Cockpit wiederfinden.

Anatomie einer Mission

Ihre Mission wurde geladen und los geht`s! Ihr Flügelmänner haben bereits abgehoben, und nun müssen Sie Ihren Vogel in die Luft bringen. Führen Sie sich Ihre Einsatzplanung nochmals vor Augen, während Sie sich in der Nähe des Flughafens auf eine Höhe von 1.000 Fuß hochschrauben. Während des Steigflugs sollten Sie auch schon die Formation mit Ihren Flügelmännern bilden. Na dann mal los!

Sie werden sich fragen, warum es besser ist, direkt über der Basis an Höhe zu gewinnen, als sich auf den Weg zu machen und bis zum ersten Wegpunkt Ihre gewünschte Höhe zu erreichen. Gute Frage. Erstens bilden Sie gleich zu Anfang Ihre Formation, so daß Sie sich keine Gedanken mehr darüber machen müssen, wenn Sie das Ziel anfliegen. Zweitens sind Sie besser vorbereitet und fliegen mit einer konstanten Geschwindigkeit zum Ziel, wenn Sie bereits in der Nähe des sicheren Flughafens an Höhe gewonnen haben. Es gibt nichts schlimmeres, als wenn man noch um Höhe kämpfen muß, wenn die Gegner schon von oben auf Sie herabstürzen. Wenn Sie mit aus-

Bild 2.3:
Schnallen Sie sich an und ab geht die Post.

Bild 2.4:
Kreisen Sie über der Basis und gewinnen Sie an Höhe.

reichender Flughöhe in ein Kampfgebiet eindringen, sind die Chancen weitaus ausgewogener.

Um sicher zu gehen, daß Sie sich auf dem richtigen Weg befinden, drücken Sie die [5] (oder die [0] in der neueren Version) auf dem Ziffernblock Ihrer Tastatur. Es erscheint eine Anzeigetafel mit einer roten Linie, die Ihre bisherige Flugrute darstellt. In Bild 2-6 sehen Sie, wie Sie sich einem weiteren Flughafen und der Brücke nähern. Hoffentlich erspähen Sie den Feind so früh wie möglich.

Wenn Sie Ihr primäres Ziel erreicht haben (in diesem Fall ist es die Brücke), sollten Sie nach Feinden Ausschau halten. Das machen Sie am besten, indem Sie [E] drücken. Damit schalten Sie

Bild 2.5:
Sie fliegen in Formation, haben eine Höhe von 1.000 Fuß erreicht und bewegen sich gen Westen auf das Ziel Ihrer Begierde zu.

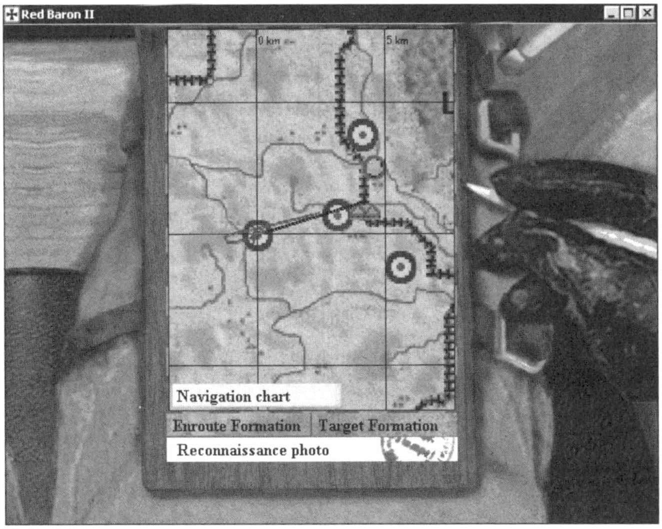

Bild 2.6:
Auf Ihrem rechten Knie befindet sich eine Navigationskarte.

zum »PADLOCK VIEW« um. Dabei sehen Sie mit durch die Augen des Piloten. Obwohl Sie noch die Kontrolle über Ihr Flugzeug haben, lassen Sie Ihren Blick über das Terrain schweifen, um die Gegner ausmachen zu können. Mit jedem Druck auf die Taste E können Sie zwischen den vorhandenen Gegnern wechseln, was Ihnen einen hervorragenden Überblick über alle feindlichen Maschinen vermittelt. Auch die Tasten F3 oder F4 unterstützen Sie beim ausfindig machen der Gegner. Dadurch wechselt die Perspektive auf eine Außenansicht. Diese Ansicht können Sie mit den Tasten F9 und F12, dem Joystick-Knopf 2 oder Enter nach rechts und links rotieren lassen.

Bild 2.7:
Über der Brücke angekommen, halten Sie Ausschau nach dem Feind.

Während der Rotation können Sie problemlos alle gegnerischen Maschinen sichten. Wenn Sie keinen Feind sehen, fliegen Sie einfach normal weiter Ihrem Ziel entgegen.

Wenn Sie das Ziel erreicht haben, müssen Sie alle Sinne in Alarmbereitschaft versetzen, denn jeden Moment kann vor Ihnen ein gegnerisches Flugzeug auftauchen.

Falls Sie eine Zeit lang geflogen sind und sich partout kein Feindkontakt einstellen will, müssen Sie wohl oder übel zum Flugplatz zurückkehren, da der Treibstoff langsam zur Neige geht. Auch wenn Sie mal nicht soviele Flugzeuge in einer Mission abgeschossen haben, können Sie sich sicher sein, daß die anderen Maschinen aus Ihrer Staffel Ihre Ziele nicht verfehlt haben. Des

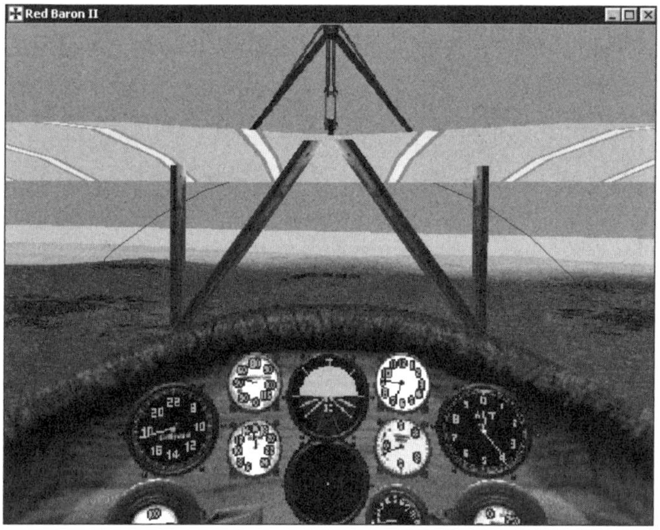

Bild 2.8:
Der Anflug auf den Heimatflughafen.

Bild 2.9:
Sie kehren heim – sicher und unversehrt.

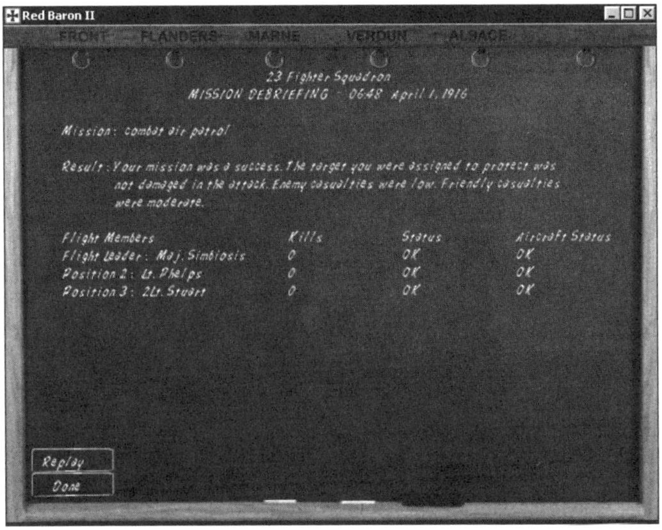

Bild 2.10:
Missionsanalyse

öfteren sehen Sie zwar keine Feinde, doch der Feind sieht Sie. Es kann nämlich sein, daß allein Ihre bloße Anwesenheit die Gegner so sehr abschreckt, daß sie es vorziehen, das Weite zu suchen.

Um nach getaner Arbeit erfolgreich zu landen, müssen Sie Ihre Geschwindigkeit auf 60 mph oder weniger erniedrigen. Nach der Landung drosseln Sie die Geschwindigkeit auf den Minimalwert und drücken [Tab], um den Propeller abzuschalten. Die Mission endet, wenn das Flugzeug zum Stehen gekommen ist.

Dann erscheint eine Nachricht, die Ihnen Aufschluß über Erfolg oder Niederlage gibt. In diesem Fall hatten Sie Erfolg. Auch Ihre Flügelmänner sind unversehrt zurückgekehrt, ohne einen einzigen Kratzer an ihren Maschinen. Was wollen Sie mehr?

Missions-Strategien

Aufgrund der dynamischen Struktur von »Red Baron II« können Sie nie wissen, welcher Art die nächste Mission ist. Dennoch gibt es einige »Goldenen Regeln«, die Sie unabhängig vom Missionstyp beachten sollten.

- Erledigen Sie immer erst die primären Ziele und dann erst die sekundären.
- Lassen Sie sich nicht von Ihren Feinden vom Weg abbringen und in eine Falle locken.
- Bleiben Sie so lange wie möglich in der Formation, bevor Sie die Gegner angreifen.
- Überlasten Sie niemals Ihre Maschine. Hin und wieder werden deutsche Piloten versuchen, Sie zu einem Sturzflug zu verleiten. Der Grund für dieses Verhalten liegt in der stabileren Bauweise der deutschen Maschinen gegenüber den englischen oder französischen Konstruktionen verborgen. Die Deutschen setzen darauf, daß sich während eines Sturzfluges die

Bespannung der Flügel Ihrer Maschine ablöst. Sie werden überrascht sein, wie oft Sie in diese Falle tappen werden. Widerstehen Sie der Versuchung und nutzen Sie die Gelegenheit zu Ihrem Vorteil. Denn während der Sturzflieger wertvolle Höhe verliert, können Sie kontrolliert nach unten gleiten und ihn währenddessen sicher von oben herab bearbeiten.

- Wenn Sie einem Aufklärungsballon begegnen, fliegen Sie nicht einfach auf Ihr Ziel geradeaus zu, sondern fliegen Sie mal links und mal rechts. Wenn Sie direkt auf Ihr Ziel zu fliegen, sind Sie leichter zu treffen. Es ist besser für Sie, wenn Sie den Ballon von einer höheren Position angreifen, als wenn Sie sich auf gleicher Höhe befinden.
- Wenn Sie einer feindlichen Maschine mit einem Heckschützen begegnen, weichen Sie aus! Denn weder hinter noch vor dem gegnerischen Flugzeug können Sie sich sicher fühlen. Die beste Position ist in diesem Fall unterhalb des Hecks der gegnerischen Maschine. Also kämpfen Sie um Höhe und nutzen Sie den Vorteil.
- Wenn Sie sich über Niemandsland befinden, halten Sie stets Ausschau nach feindlicher Artillerie und Fliegerabwehrkanonen. Eine große Höhe ist hier schon die halbe Miete. Falls Sie immer geradeaus fliegen, erhöhen Sie die Chancen Ihrer Gegner, Sie zu beschießen. Und je niedriger Sie fliegen, desto leichter kann Sie der Gegner vom Himmel holen.
- Wenn Sie Bodenziele im Sturzflug angreifen, reduzieren Sie Ihre Geschwindigkeit, solange es nach unten geht. Kurz nach dem Hochziehen können Sie dann wieder Gas geben.
  Wenn Sie während des gesamten Angriffs Vollgas geben, werden Sie schnell erfahren wie es ist, ohne Tragflächen zu fliegen...
- Erleidet während eines Kampfes Ihr Flugzeug Schaden, kehren Sie unverzüglich zu Ihrer Basis zurück. Fliegen Sie tief und stehlen Sie sich davon. Falls gar nichts mehr hilft, retten Sie sich hinter die Frontlinie in freundliches Gebiet. Denn wenn Sie hier abstürzen, befinden Sie sich in sicheren Händen. Stürzen Sie dagegen in feindliches Territorium, kann es passieren, daß Sie in Gefangenschaft geraten.
- Während Sie starten, richten Sie die Nase der Maschine ein klein wenig nach unten, damit der hintere Teil des Flugzeugs in die Höhe kommt. Gelingt Ihnen das nicht, können Sie niemals die Startgeschwindigkeit erreichen. Neigen Sie die Nase jedoch keinesfalls zu tief nach unten – ansonsten könnte Ihr Startversuch in einem unangenehmen Überschlag enden.
- Wenn Sie Bomben werfen, steuern Sie direkt auf Ihr Ziel zu und verringern Sie die Geschwindigkeit. Werfen Sie die Bombe eine Sekunde vor dem Zeitpunkt ab, an dem Sie wieder hochziehen müssen. Während des Hochziehens geben Sie Vollgas.
- Bei Raketen handelt es sich um schwer zu beherrschende Waffen. Gegen Luftziele sind sie absolut nutzlos. Sparen Sie Ihren Raketenvorrat für große Ziele auf, wie z. B. Flugzeughallen oder Aufklärungsballons. Die größte Chance auf einen Treffer haben Sie, wenn Sie sich auf der selben Höhe befinden wie das Ziel und die Rakete erst im letzten Moment abfeuern.

Cockpit-Grundlagen

Richten Sie sich auf

Auszug aus dem Piloten-Handbuch der »Royal Air Force«, 1918:

Beim Wenden sollte ein Schüler die Nase seines Flugzeugs mit dem Steuerknüppel ein wenig nach unten richten. Er sollte dann das Ruder zusammen mit dem Steuerknüppel in die gewünschte Richtung bewegen. Wenn er dann wieder geradeaus fliegen möchte, bringt er Ruder und Steuerknüppel wieder in die zentrale Position. Oder, in einigen wenigen Flugzeugmodellen, ein wenig in die Gegenrichtung. Zunächst wird der entgegengesetzte Flügel angehoben, während das Ruder erst dann zum Einsatz kommt, wenn die Maschine eine horizontale Position erreicht hat. Je schneller die Wende erfolgen soll, desto mehr Ruderbewegung und Flügelneigung ist erforderlich. Wenn die Lage der Maschine ausgeglichen ist, sind die Kontrollen zentriert. Der Schüler sollte niemals zu langsam wenden, denn ein solches Manöver resultiert in seitlichem Wegdriften und Abwürgen des Motors durch Unterbrechung der Treibstoffzufuhr. Dadurch verliert die Maschine an Geschwindigkeit und gelangt in eine hecklastige Position.

Der Kompaß befindet sich genau in der Mitte Ihres Cockpits

Der Kompaß

Auszug aus dem Piloten-Handbuch der »Royal Air Force«, 1918:

Der magnetische Kompaß ist eines der wichtigsten Instrumente für Flugzeuge, die über offenes Land geflogen werden sollen. Die Anzeige sollte sich direkt im Sichtfeld des Piloten befinden. Der magnetische Kompaß zeigt dem Piloten an, wo sich der magnetische Nordpol befin-

det. Dargestellt wird er mit Hilfe einer Nadel, die mit einer roten Markierung versehen ist. Der Kompaß ist von einem Glasgehäuse umgeben, auf dem ebenfalls eine Markierung vorhanden ist. Diese wird »Lubbers Line« genannt. Wenn der Kompaß durch ein Wendemanöver in der Luft zu rotieren beginnt, überdecken sich die Markierungen auf der Anzeigeskala mit der Lubbers Line, woraus der Pilot die Himmelsrichtung ermitteln kann, in die die Nase seiner Maschine weist. Die Kompaß-Anzeigefläche ist kreisrund und in 360 Winkelschritte unterteilt. Die Markierungen sind im Uhrzeigersinn angeordnet. Beispiele: 360° bzw. 0° = Norden, 45° = Nord-Ost, 90° = Osten, 135° = Süd-Ost, 180° = Süden, 225° = Süd-West, 270° = Westen, 315° = Nord-West und 360° = Nord. Ein Skalenstrich entspricht 11°.

Die Geschwindigkeitsanzeige befindet sich rechts neben dem Kompaß.

Die Geschwindigkeitsanzeige

Auszug aus dem Piloten-Handbuch der »Royal Air Force«, 1918:

Der Luftgeschwindigkeits-Indikator informiert den Piloten über die Geschwindigkeit in der Luft, und nicht darüber, wie schnell Sie sich das Flugzeug relativ zum Boden bewegt. Einfach betrachtet, besteht das Instrument aus zwei Teilen: Der Anzeige und den Pitot-Röhren. Die Röhren sind an Vorderflanke der oberen Tragfläche angebracht, für gewöhnlich auf einer Seite der zentralen Bug-Heck-Linie der Maschine. Somit befinden sich die Röhren außerhalb der Propeller-Luftströmung, die das Meßergebnis erheblich verfälschen könnte. Bei Maschinen in »Pusher«-Bauweise (Anmerkung: Propeller hinter den Haupttragflächen) oder zweimotorigen Flugzeugen, wo jeweils ein Triebwerk an jeder Seite der Zentrallinie montiert ist, können die Röhren zentral angebracht werden, da die Propeller-Verwirbelungen sie nicht beeinflussen können. Die zwei Röhren werden entweder nebeneinander angebracht oder sind konzentrisch ausgelegt, also eine Röhre innerhalb der anderen.

Der Höhenmesser befindet sich links neben dem Kompaß.

Der Höhenmesser

Auszug aus dem Piloten-Handbuch der »Royal Air Force«, 1918:

Der Höhenmesser wertet den Luftdruck aus und wird stark von Temperaturschwankungen beeinflußt. Er besteht aus einer Scheibe, auf der sich eine Skala von 0 bis 10.000 Fuß befindet – oder 20.000, das ist von der Bauart des Flugzeugs abhängig. Der Höhenmesser richtet sich nach dem Meeresspiegel, während die Nullmarke der Höhe des Flughafens entspricht, an dem die Maschine stationiert ist. Einfach betrachtet, ist der Höhenmesser nichts weiter als ein Barometer. Die Anzeigenadel ist mit einem sehr empfindlichen Mechanismus verbunden, der aus einer kreisförmigen Metalltrommel mit einer gewellten Oberfläche besteht. Verringert sich der Luftdruck während des Aufstiegs, dehnt sich die Trommel aus. Das Ausdehnen oder Zusammenziehen der Metalltrommel wird auf eine Feder übertragen, die mit der Anzeigenadel verbunden ist. Die Anzeigefläche ist exakt auf Fuß oder Meter kalibriert, so daß der Pilot durch die Bewegungen der Metalltrommel einigermaßen korrekte Höhenangaben erhält. Sowohl der Geschwindigkeits- als auch der Höhenindikator geben ihre Informationen nur mit großer Verzögerung preis, so daß der Pilot die angezeigten Werte zu jeder Zeit nur als Näherungswerte betrachten muß.

Die Anzeige unterhalb des Kompaß gibt Ihnen Auskunft über die seitliche Neigung Ihres Flugzeugs.

Anzeige der seitlichen Flugzeugsneigung

Auszug aus dem Piloten-Handbuch der »Royal Air Force«, 1918:

Wenn die Maschine geradeaus fliegt, oder mit einer korrekten Flügelneigung gewendet hat, wird sich die Anzeige auf den Skalenstrich 0 in der zentralen Front-Heck-Linie des Flugzeugs zur Ruhe kommen. Falls sich das Flugzeug jedoch in einer rechten oder linken Seitenlage befindet, wandert die Nadel in die der Seitenlage entgegengesetzte Richtung der Skala. Befindet sich Markierung auf der rechten Seite, müssen Sie zur Gegenrichtung hin ausgleichen und umgekehrt. Wenn die Anzeige während einer Linkswende von der Nullmarke aus nach links wandert, driftet die Maschine nach rechts ab. Wenn die Anzeige dagegen während einer Rechtskurve nach links wandert, indiziert dies eine Drift nach rechts innen. Dieses Problem läßt sich durch größere Ruderbewegung oder Verringern der Flügelneigung aus der Welt schaffen. Diese Bemerkungen beziehen sich auf alle moderaten Wendemanöver mit Flügelneigungen von bis zu 45 Grad, sowie auf korrekt ausgeführte – auch steile – Richtungsänderungen. Dieses Instrument stiftet gerade bei Anfängern eher Verwirrung, als daß es sie aktiv unterstützt. Für Anfänger ist es weitaus besser, das Fliegen auf Sicht zu erlernen und ein Gefühl für die Position der Maschine zu entwickeln, statt sich blind auf Instrumente zu verlassen. Die Instrumente sollten eher zur Überprüfung ihrer korrekten Entscheidungen dienen, statt sie zu verwirren und in die Irre zu führen.

Karten von der Front

Die Region Verdun

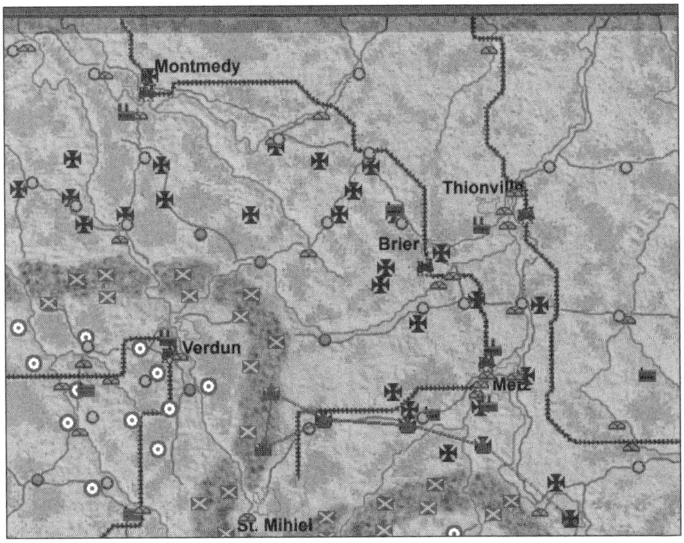

Verdun Nordost

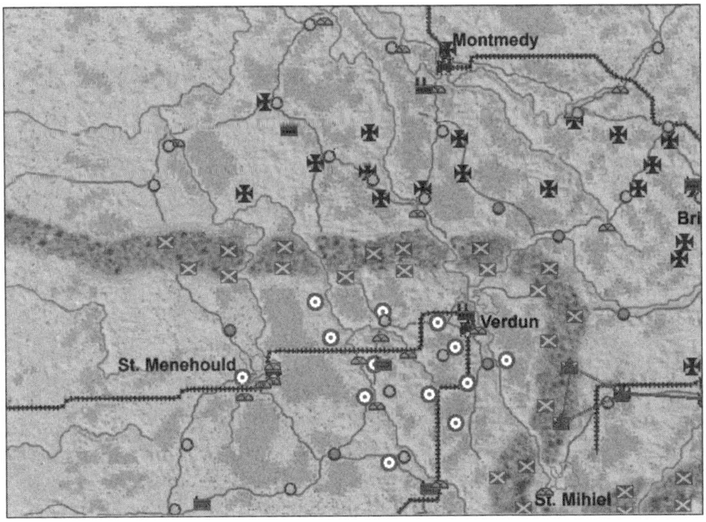

Verdun Nordwest

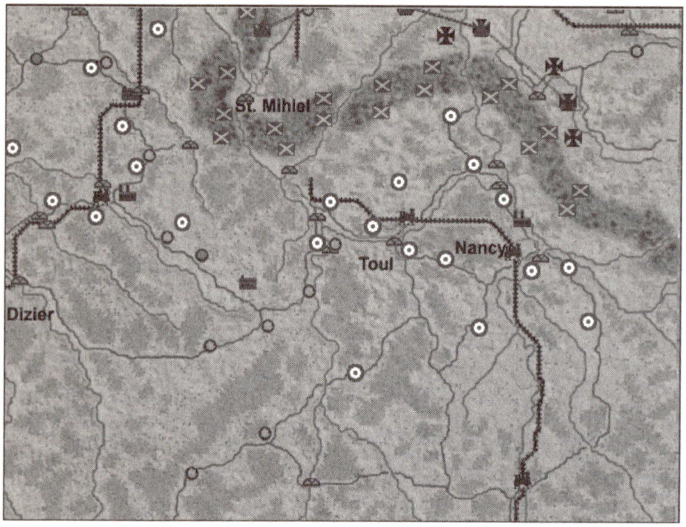

Verdun Südost

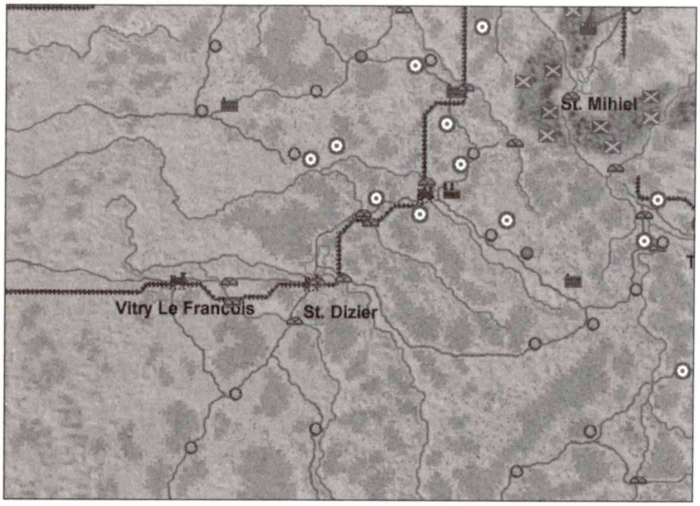

Verdun Südwest

Die Region Alsace (Elsaß)

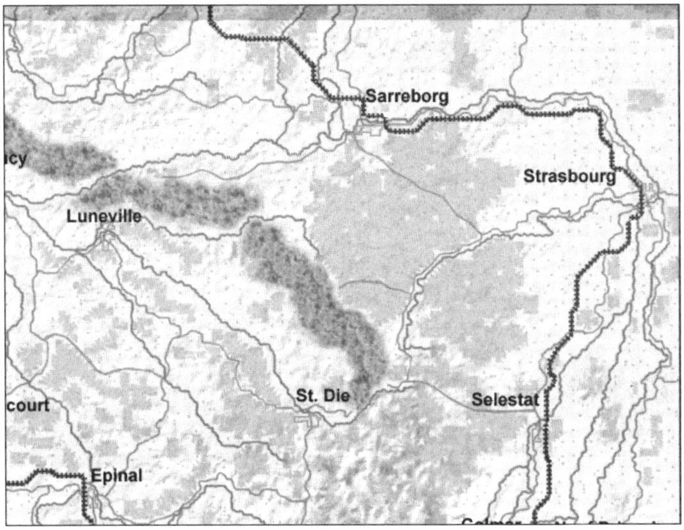

Elsaß Nordost

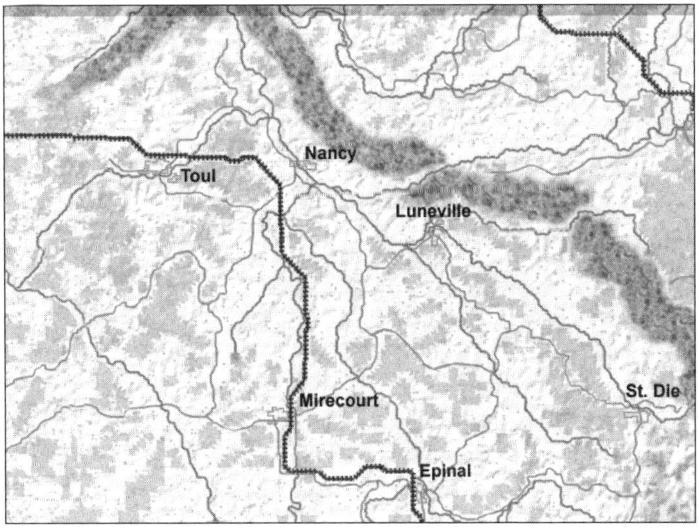

Elsaß Nordwest

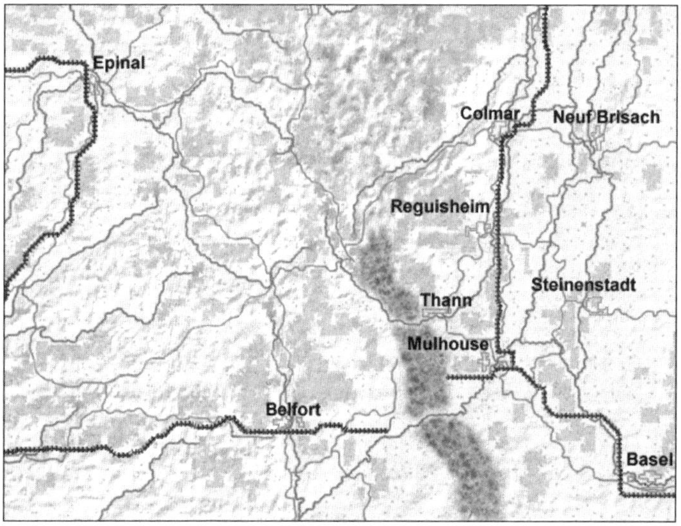

Elsaß Südost

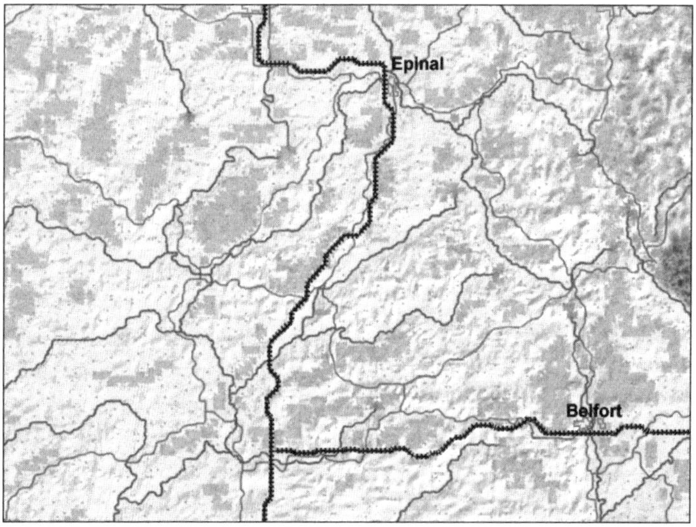

Elsaß Südwest

Die Region Flandern

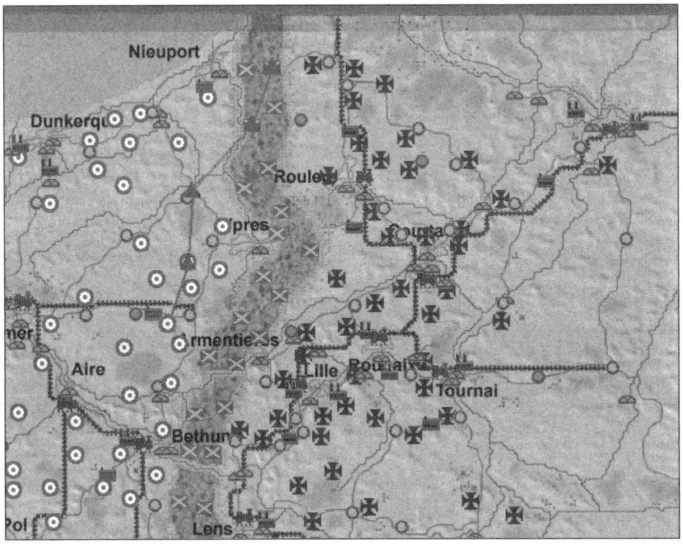

Flandern Nordost

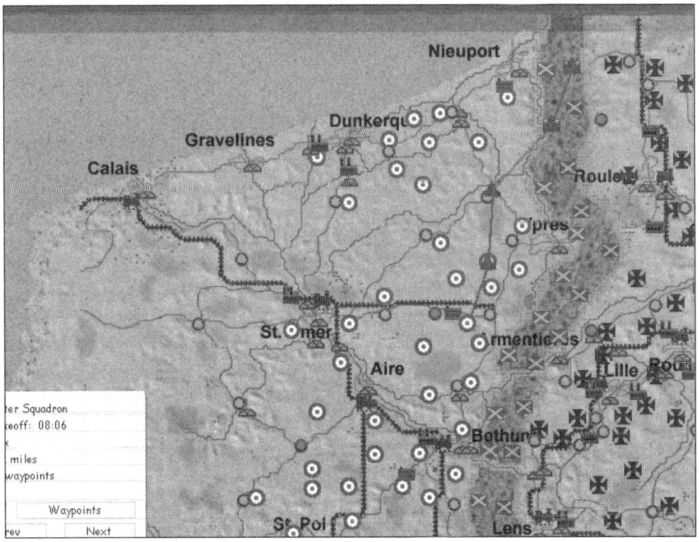

Flandern Nordwest

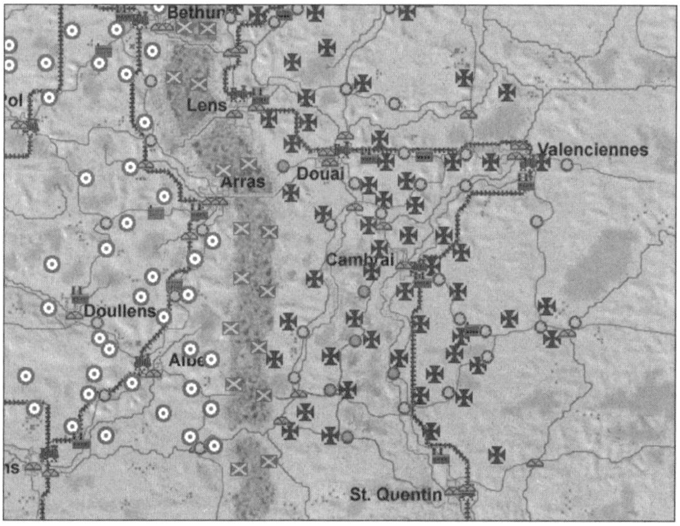

Flandern Südost

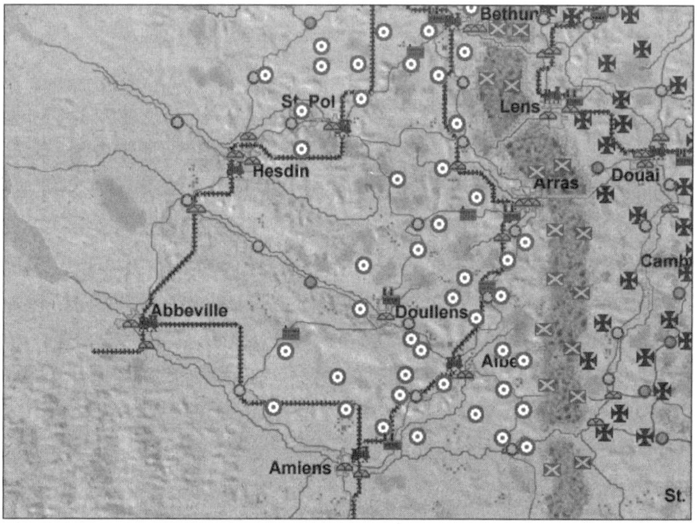

Flandern Südwest

Die Region Marne

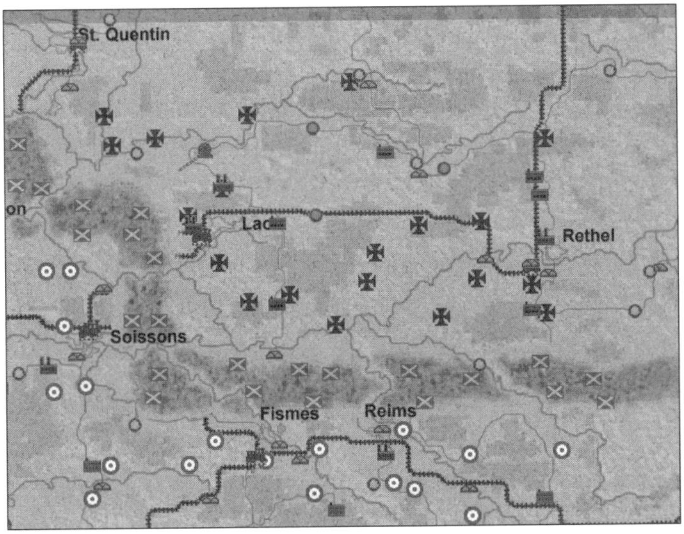

Marne Nordost

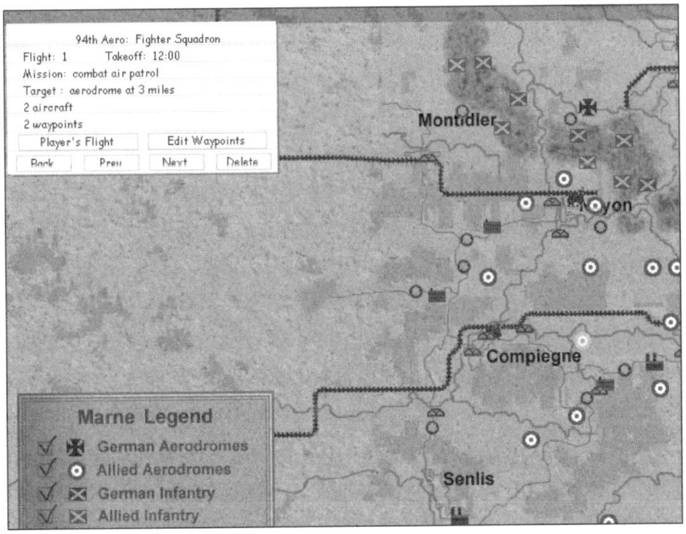

Marne Nordwest

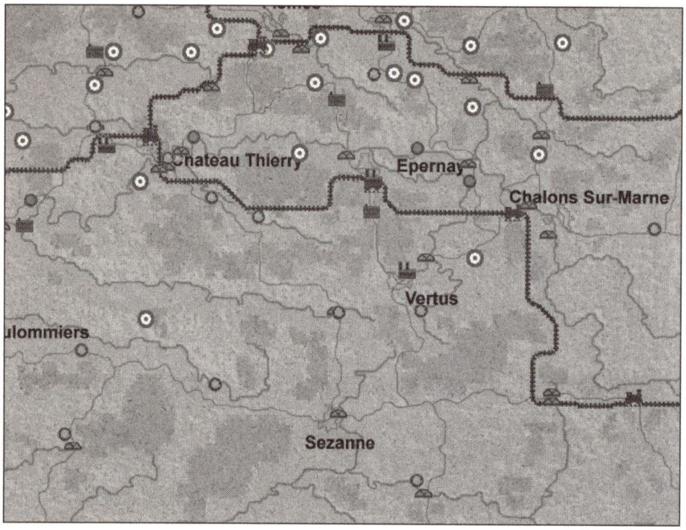

Marne Südost

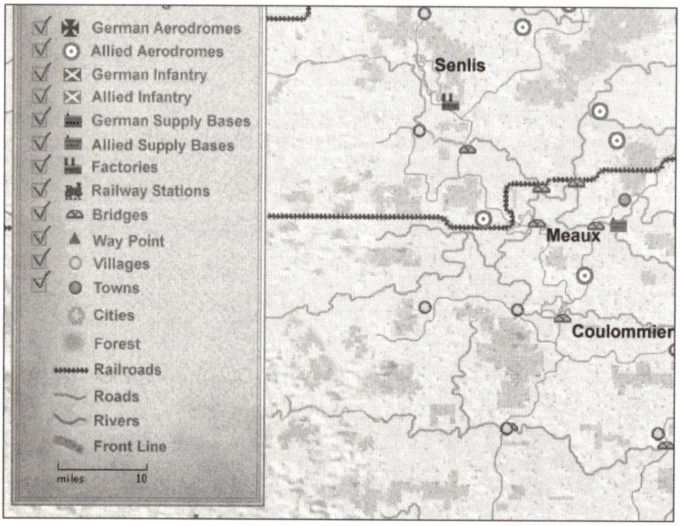

Marne Südwest

Die Front

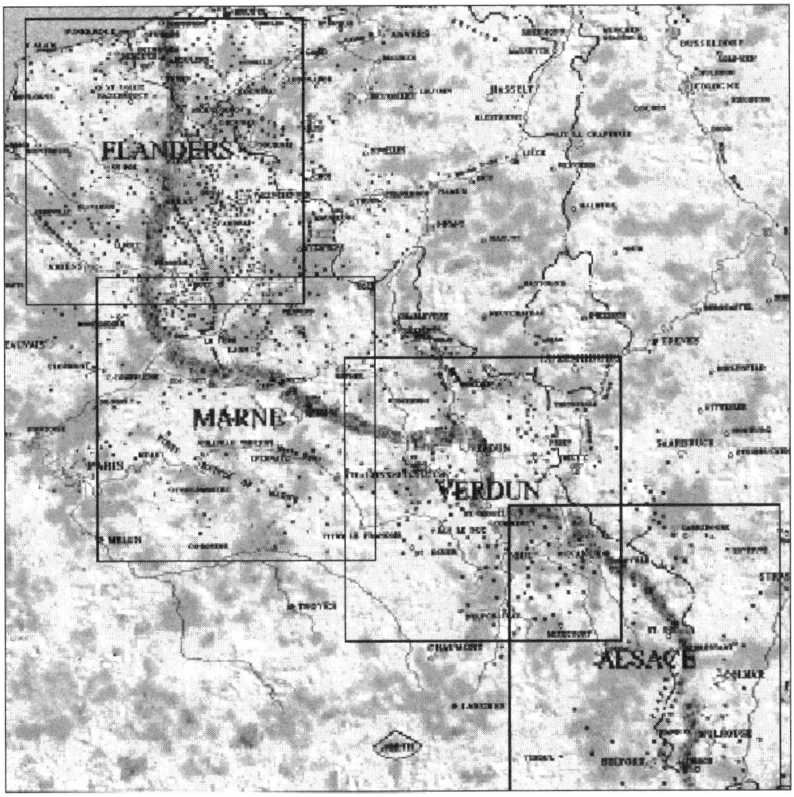

Karten-Legende

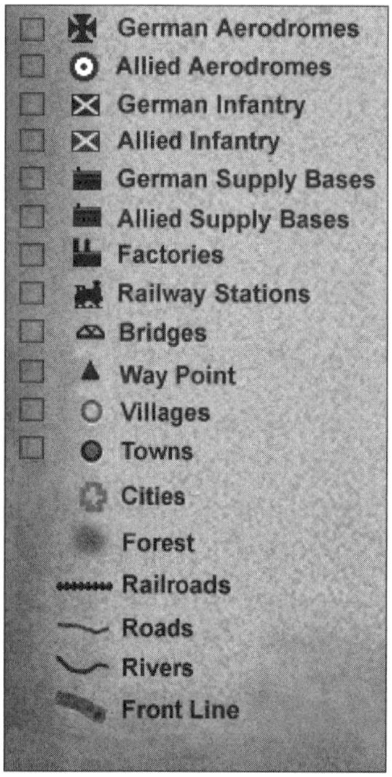

Deutsche Flugplätze
Alliierte Flugplätze
Deutsche Infantrie
Alliierte Infantrie
Deutsche Versorgungs-Stützpunkte
Alliierte Versorgungs-Stützpunkte
Fabriken
Bahnhöfe
Brücken
Wegpunkt
Dörfer
Kleinstädte
Städte
Wald
Eisenbahnlinien
Straßen
Flüsse
Frontverlauf

TEMP
Airspeed
VSI
ALT

Kapitel 3

Red Baron II im Mehrspieler-Modus

Willkommen in der Multiplayer-Welt!

Es gibt nichts Schwierigeres, als einen virtuellen Piloten zu programmieren und ihm ein Verhalten auf den Leib zu schneidern, das dem eines Menschen aus Fleisch und Blut ebenbürtig ist. Ohne Frage – in dieser Disziplin hat das Entwicklerteam von Dynamix ganze Arbeit geleistet. Dennoch besteht die größte Herausforderung im Duell gegen einen echten Menschen – das Internet macht's möglich. Ein menschlicher Gegner reagiert höchst unvorhersehbar und macht oft Dinge, die ein virtueller Pilot nie tun würde.

Sie werden ganz schnell merken, daß jeder menschliche Pilot über einen unverwechselbaren, eigenen Stil verfügt. Einige versuchen Sie im Nullkommanichts vom Bildschirm zu fegen, andere gehen die Sache ruhig und überlegt an. Wieder andere halten sich so lange am Rand des Geschehens, bis Sie einen taktischen Fehler begehen – und dann schlagen sie mit gnadenloser Härte zu. Einige sind begnadete Schützen, während es die besonders Verrückten vorziehen, Sie mit dem Propeller ihrer Maschine zu rammen. Egal, gegen welchen Pilotentyp Sie antreten: Sie werden den Kampf Ihres Lebens austragen!

Die verschiedenen Mehrspieler-Optionen lassen Sie die ganze Spannung der Luftkämpfe im Ersten Weltkrieg nachempfinden – mit Mitspielern innerhalb eines Raums, in verschiedenen Zimmern oder aus der ganzen Welt.

Sie können sich zu Teams zusammenschließen oder alleine auf die Pirsch gehen, um sich zunächst einmal in der Multiplayer-Welt zurechtzufinden. Je nach der Art des Multiplayer-Spiels müssen Sie entweder eine bestimmte Anzahl von Maschinen vom Himmel holen oder so viele Flugzeuge wie möglich abschießen.

Bild 3.1:
Start-Bildschirm

Dank verschiedener Schwierigkeitsgrade können Sie das Spiel Ihren Fähigkeiten anpassen. Optionen wie automatisches Starten und Landen, Verzicht auf Flugabwehr-Geschütze oder unbegrenzte Munition helfen gerade Einsteigern bei der Bewältigung ihrer ersten Multiplayer-Schlachten. Darüber hinaus lassen sich auch die Realismusgrade und die Auswirkungen der Gravitationskräfte auf Ihre Maschine frei einstellen.

Während des Spiels können Sie mit anderen Spielern sprechen (Fachjargon »chatten«), um Teams zu bilden, die Einstellungen abzusprechen, Ihre Position durchzugeben oder – nach Beendigung des Spiels – über Erfolge und Fehler zu diskutieren.

Anmeldung

Nach dem Start eines Multiplayer-Spiels müssen Sie einen Piloten erschaffen und benennen, der Sie Ihre ganze Online-Karriere hindurch begleiten wird. Lassen Sie sich Zeit dabei, denn schließlich soll es ja ein wirklich gutes Alter-Ego werden. Diesem Piloten werden zahllose andere Spieler begegnen. Wählen Sie also einen Namen, der sich regelrecht in die Erinnerung Ihrer Gegner brennt. Sobald Ihr Alter Ego am Online-Himmel auftaucht, sollen die anderen Piloten vor Ehrfurcht erstarren. Ihr Online-Pilot wird sich während der Kriegswirren weiterentwickeln und sich – mit ein wenig Glück – einen echten Namen machen.

Sobald Sie sich für einen Namen entschieden haben, taucht dieser innerhalb eines Bildschirms mit (noch) leeren Feldern für Missionen und Abschüsse auf. Diese Felder werden sich langsam mit Ihren Erfolgen während der Online-Kämpfe füllen.

Nun können Sie entweder allein fliegen, um sich mit den Besonderheiten der Multiplayer-

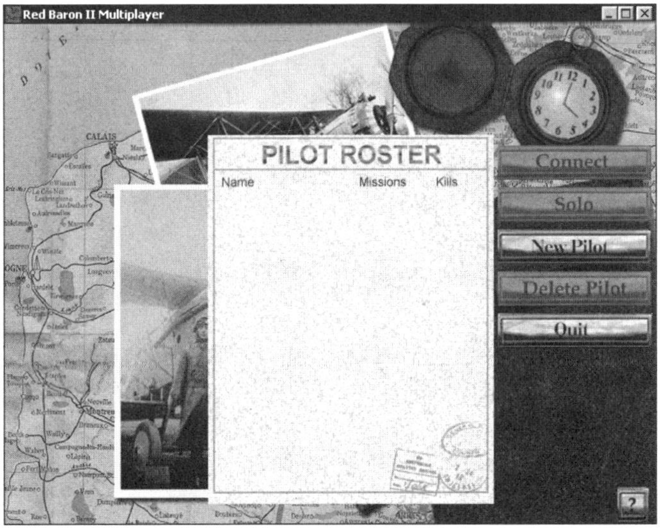

Bild 3.2: *Anmeldungs-Bildschirm*

Umgebung vertraut zu machen, oder sich direkt in die Schlacht gegen menschliche Gegner stürzen.

Verbindungsaufbau

Nachdem Sie die Taste CONNECT angeklickt haben, erwarten Sie eine Reihe von Spieloptionen.

INTERNET PLAY ist die mit Abstand beste Spieloption – vorausgesetzt, Sie verfügen über ein entsprechend ausgerüstetes System mit Internet-Zugang.

IPX/LAN ist die Wahl für Netzwerkspieler, die innerhalb der Firma zocken wollen (es soll auch schon private Netzwerk-Besitzer geben...). Auch für Online-Spiele ist diese Option geeignet, allerdings nur dann, wenn Sie über ein Zusatzprogramm wie »Kali95« verfügen. Kali95 simuliert eine LAN-Verbindung über die Telefonleitung, bietet aber bei weitem nicht dieselbe Performance wie ein lokales Netzwerk.

MODEM PLAY ist die Variante für jene Spieler, die sich via Modem direkt zu einem Freund durchwählen und Zweispieler-Partien austragen wollen.

SERIAL arbeitet ähnlich wie das Modem-Spiel. Der Unterschied besteht darin, daß zwei nebeneinanderstehende Rechner über ein Nullmodemkabel direkt miteinander verbunden werden.

Wie bereits erwähnt, sollten Sie sich unbedingt für das Internet-Spiel entscheiden. Hierbei haben Sie die Auswahl unter zahllosen Mitspielern aus der ganzen Welt, und Sie können gleichzeitig gegen mehrere menschliche Piloten antreten.

Multiplayer-Spiel

Im Multiplayer-Spiel kümmert sich der Gastgeber (»Host«) um die meisten Optionen, nachdem er sich via Chat mit den anderen potentiellen Mitspielern darüber verständigt hat.

Um mit anderen Spielern zu chatten, geben Sie einfach Ihre Nachricht ein und bestätigen mit der Eingabetaste.

Mitteilungen anderer Spieler erscheinen im Chat-Fenster in der unteren Hälfte des Bildschirms. Um als Host die Spieloptionen festzulegen, verfahren Sie wie folgt:

1. Wählen Sie ein Team für jeden Spieler, sofern es sich nicht um ein reines Abschieß-Spiel handelt. Indem Sie auf den Namen des Spielers klicken, können Sie ihn einem bestimmten Team zuordnen.
2. Klicken Sie auf die Schaltfläche DIFFICULTY, um den Schwierigkeitsgrad des Spiels festzulegen.
3. Mit einem Klick auf GAME TYPE entscheiden Sie sich für eine bestimmte Spielvariante.
4. Der Button FRIENDLY FIRE dient zum Zu- und Abschalten der Sperre für Schüsse auf befreundete Maschinen.

5. ARCADE MODE schaltet den Arcade-Modus ein oder aus.
6. Wählen Sie den gewünschten Flugzeugtyp aus der Liste mit den verfügbaren Maschinen aus.
7. Mit PLAY GAME geben Sie endlich den Startschuß für das Spiel. Dieser Button wird erst dann aktiv, wenn sich mindestens ein Spieler in jedem Team befindet.

So verändern Sie als Gast die Spieloptionen:

1. Wenn der Gastgeber Ihr Team ausgewählt hat, suchen Sie sich eine Maschine aus der Flugzeugliste aus.
2. Klicken Sie auf die Schaltfläche PLAY GAME, sobald diese aktiv wird.

Um die Spieloptionen im Solo-Spiel einzustellen, folgen Sie den Anweisungen des Multiplayer-Hosts.

Benutzung der Karte

Machen Sie regen Gebrauch von der Navigationskarte am Knie Ihrers virtuellen Piloten, um Ihre derzeitige Position und Flugrichtung festzustellen. Ihre Maschine wird durch ein kleines Flugzeug-Symbol dargestellt. Die Karte informiert Sie darüber hinaus über alle Ziele und Flughäfen (allerdings nicht darüber, ob die Ziele schon zerstört worden sind). Die Gitternetzlinien helfen Ihnen beim Durchgeben Ihrer Position an andere Mitspieler (»Hey Peter, ich befinde mich über A2 und brauche Deine Hilfe!«). Während Sie die Karte begutachten, fliegt Ihre Maschine weiter.

Um die Karte auf den Bildschirm zu holen, drücken Sie die Taste [5] auf dem Ziffernblock der Tastatur (oder [0] in der neueren Version). Um den Kartenmodus zu verlassen, drücken Sie die Taste erneut.

Spiel beenden

Das Spiel wird durch folgende Sieg- oder Niederlage-Konditionen beendet:

- Alle Ziele oder alle gegnerischen Maschinen wurden abgeschossen
- Sie sind der letzte aktive Spieler, oder es sind keine aktiven Spieler der gegnerischen Seite mehr anwesend
- Sie stürzen ab / werden abgeschossen*
- Sie beenden das Spiel von sich aus
- Sie unterbrechen die Verbindung / die Verbindung wird unterbrochen

*) Wenn Sie in den Schwierigkeitseinstellungen limitierte Leben eingestellt haben, können Sie sterben. Wenn Ihr Pilot das Zeitliche gesegnet hat, können Sie als Beobachter weiter herumfliegen und den anderen Spielern zuschauen.

Nach Beendigung des Spiels wechseln Sie zum GAME SUMMARY-Bildschirm und können dort die Kampfresultate begutachten. Diese Übersicht präsentiert Ihnen sowohl die Anzahl der zerstörten/übriggebliebenen Ziele für jedes Teams als auch die abgeschossenen Maschinen auf jeder Seite. Von hier aus können Sie entweder den Multiplayer-Modus verlassen oder zum Hauptmenü zurückgehen, um ein neues Spiel zu starten.

Multiplayer-Tastaturbelegung

Rechter Mausklick gefolgt von START NEW LIFE: Erneuter Start nach einem Absturz
ESC: Mission beenden
P: Pause-Modus ein-/ausschalten (nur Solo-Spieler oder Beobachter-Modus)
S: Sound ein-/ausschalten
Shift+C: Farbe der Statusanzeige ändern
Shift+D: Statusanzeige ein-/ausschalten
Shift+M: Munitionsart wechseln
Shift+N: Pilotennamen ein-/auschalten
Shift+V: Statusanzeige Text/Grafik
Rückschritt: Chat-Eingabefeld öffnen
Eingabe: Chat-Nachricht abschicken
Leertaste: Maschinengewehre abfeuern
R: Rakete abfeuern
B: Bombe abwerfen
1 2 3 4 5 6 7 8 9 0: Schub regulieren (10-100%)
+ / -: Schub erhöhen/drosseln

Ansichten

F1: feste Sicht nach vorne
F2: Schwenkbare Cockpit-Ansicht
F3: externe schwenkbare Ansicht
F4: externe Kamera
F5 externe Verfolgerkamera
F6 verzögerte externe Verfolgerkamera
F7: Fernbedienung/Vorbeiflug
F8: Zielansicht
Ziffernblock 8: feste Sicht nach vorne
Ziffernblock 4: feste Sicht nach links

Ziffernblock [6]: feste Sicht nach rechts
Ziffernblock [2]: feste Sicht nach hinten
[Bild auf]: nach oben schauen
[Bild ab]: nach unten schauen
[5] oder [0]: Navigationskarte
[F9]: nach oben rotieren*
[F10]: nach links rotieren*
[F11]: nach rechts rotieren*
[F12]: nach unten rotieren*

*) [F9] – [F12] sind nur in den schwenkbaren Ansichten verfügbar

Flugzeug neu bewaffnen und reparieren

Um Ihr Flugzeug reparieren zu lassen, landen Sie irgendwo und bringen die Maschine zum Stillstand. Dann erfolgen die Reparaturen automatisch.

Um Ihr Flugzeug neu bewaffnen zu lassen, landen Sie auf einem freundlichen Flughafen und bringen die Maschine zum Stillstand. Die Wiederbewaffung findet automatisch statt.

Spiel verlassen

Um das Spiel zu verlassen:

1. Drücken Sie die Taste [ESC]. Daraufhin erscheint die Dialogbox LEAVE GAME.
2. Klicken Sie auf EXIT.

Um zum Beobachter zu werden:

1. Drücken Sie die Taste [ESC]. Daraufhin erscheint die Dialogbox LEAVE GAME.
2. Klicken Sie auf OBSERVE. Daraufhin wechseln Sie in den Beobachtungs-Modus und können frei herumfliegen. Allerdings haben Sie keinen Einfluß mehr auf das Geschehen.

Um das Programm zu verlassen, klicken Sie auf das kleine »X« in der oberen rechten Ecke des Fensters.

Ziele vernichten

Ein Ziel gilt als vernichtet, wenn es durch Bomben, Raketen oder Maschinengewehr-Kugeln ein bestimmtes Maß an Schaden erlitten hat. Das benötigte Maß an Schaden ist vom eingestellten Schwierigkeitsgrad abhängig.

Da ein Gebäude nach seiner Vernichtung in sich zusammenstürzt, ist sein Zustand offensichtlich.

Es spielt keine Rolle, wer das Ziel zerstört – wenn Sie eines Ihrer eigenen Ziele vernichten, wird der Abschuß trotzdem der gegnerischen Partei gutgeschrieben. Ständige Positionskontrolle in der Navigationskarte hilft Ihnen dabei, ein solches Malheur zu vermeiden.

Sie können feindliche Flugplätze zerstören, um die gegnerischen Maschinen vom Munitionsnachschub abzuschneiden. Jedoch handelt es sich dabei nicht um Ziele, die sich auf Sieg oder Niederlage auswirken.

Bei jedem neuen Spielstart werden die Ziele zufällig verteilt, abhängig von der Spielvariante und dem eingestellten Schwierigkeitsgrad.

Andere Flugzeuge erspähen

Während eines Team-Spiels startet jedes Team über einem zufällig ausgewählten Heimatflugplatz.

In einem individuellen Abschieß-Spiel startet jeder Spieler innerhalb eines Kreises im Zentrum der Spielwelt.

Nach dem Spielstart besteht Ihre einzige Möglichkeit, andere Maschinen aufzuspüren, im visuellen Absuchen des Himmels und im Nachfragen bei anderen Mitspielern.

Red Baron
II

TEMP
Airspeed
RPM
VSI
ALT

Kapitel 4

Luftgefechts-taktiken

Grundlagen von Flug und Luftkampf

Während einer Gefechtssituation gilt es vor allem, Ihr eigenes Leben zu beschützen. Bevor Sie sich in aussichtslose Kämpfe verwickeln, sollten Sie lieber den kürzeren ziehen und vertrackten Situationen aus dem Weg gehen. Lieber landen Sie wieder sicher auf heimischen Boden, bevor die Sanitäter Sie in Einzelteilen aufsammeln müssen. Ein törichter Pilot mit ausgesprochen aggressivem Potential wird in Red Baron II nicht weit kommen.

Überleben ist alles

Die Kampagnen, die Sie fliegen werden, sind extrem gefährlich und stellen Mensch und Maschine auf eine harte Probe. An einem Tag werden Sie in die Luft befehligt, um ein Bombergeschwader vor feindlichen Angriffen zu beschützen. Am nächsten Tag gilt es, einen Beobachtungsballon abzuschießen.

Gleichgültig, wie die einzelnen Missionsziele definiert sind, eines ist auf jeden Fall sicher – ihr Leben ist in ständiger Gefahr. Mag eine Mission noch so simpel erscheinen, der Feind lauert überall und überrascht Sie besonders dann, wenn Sie es am wenigsten erwarten. Jeder Kampfpilot muß mit dieser ständigen Bedrohung leben und fertig werden. Letztendlich haben die Missionen des Spiels zum Ziel, das Leben vieler Menschen zu beschützen und die Pläne des eigenen Landes zu verwirklichen. Das bedeutet aber nicht, daß Sie Ihr Leben als Pilot unnötig opfern müssen. Der Krieg geht weiter, es wird noch genügend Möglichkeiten geben, dem Feind die Zähne zu zeigen. Ein kluger Pilot weiß, wann die Gewinnchancen gegen ihn stehen, und tritt die Flucht an, bevor er seine Existenz und sein wertvolles Flugzeug in ernsthafte Gefahr bringt. Solche weisen Entschlüsse sind sowohl für das eigene Überleben als auch für den Fortbestand der Maschine von immenser Wichtigkeit und führen letztendlich zum Sieg.

Manchmal passiert es, daß Ihre Maschine während eines Luftkampfes ramponiert wird. Das kann ein leichter, oberflächlicher Schaden sein (z.B. eine zerschmetterte Instrumentenanzeige) oder die schwerwiegende Zerstörung einer Tragfläche. Ein erfahrener Pilot weiß sich in solchen Problemsituationen zu helfen und entscheidet der Vernunft entsprechend. Er versucht sich aus dem Kampfgeschehen zurückzuziehen. Eine Fortsetzung des Kampfes mit einer zerstörten Tragfläche oder einem anderen schweren Defekt zeugt nicht von Heldentum, sondern von purer Dummheit. Und diese Form von Dummheit wird meist mit einem Abschuß bestraft. Wenn möglich, sollten Sie sich mit Ihrer Maschine absetzen und den Vogel sicher landen, sofern Sie ihn noch unter Kontrolle haben. Oder Sie versuchen sich kurz vor dem Aufprall der Maschine mit einem Sprung in Sicherheit zu bringen, was aber in den seltensten Fällen gelingt. Sie erinnern sich: Im ersten Weltkrieg gab es nur wenig Fallschirme, weshalb ein Sprung aus dem Flugzeug meistens in die Hose ging.

Geschwindigkeit heißt Überleben

Wenn Sie ein Motto für Ihre Red Baron-Aktivitäten benötigen, sollte es lauten: »Geschwindigkeit heißt Überleben«. Je schneller Ihre Kiste ist, desto mehr Flugmanöver stehen Ihnen zur Verfügung. Das Gewinnen an Höhe ist das allerwichtigste Manöver in Red Baron. Ohne den entsprechenden Platz zwischen Ihrer Maschine und dem Erdboden sind Sie ein leichtes Ziel für Abfangjäger, die über Ihrem Kopf kreisen. Während Sie sich Meter für Meter nach oben quälen und dabei den Ausfall des Motors risikieren, sind Sie schon längst im gegnerischen Visier. Deswegen fliegen Sie nach dem Start sofort nach oben, um wertvolle Höhenmeter zu gewinnen.

Während eine hohe Fluggeschwindigkeit Grundvoraussetzung für zahlreiche taktische Manöver ist, wirkt sich zu hohes Tempo besonders in hitzigen Dogfights eher nachteilig aus. Viele unerfahrene Piloten sind der Auffassung, daß schnelle Flugzeuge auch schnell die Richtung wechseln können. Nichts ist weiter von der Realität entfernt als dieser Trugschluß. Je höher die Geschwindigkeit, desto ausgedehnter der Wendekreis. Wenn sich ein feindliches Flugzeug an Ihren Hintern klammert – drosseln Sie die Geschwindigkeit. Ihre Maschine läßt sich besser und schneller manövrieren, wodurch Sie den Gegner leichter ins Visier bekommen. Höchstgeschwindigkeit kann in Gefechtssituationen tödlich sein. Man weiß nie, was einen im Kampf erwartet, und Entscheidungen über Manöver werden innerhalb von Sekundenbruchteilen getroffen. Wenn Sie während einer Kampfhandlung steil nach unten fliegen, reißt zuviel Tempo die Bespannung von den Tragflächen. Achten Sie unbedingt auf die Geschwindigkeitsanzeige in Ihrem Flugzeug, wenn Sie den nächsten Tag noch erleben wollen.

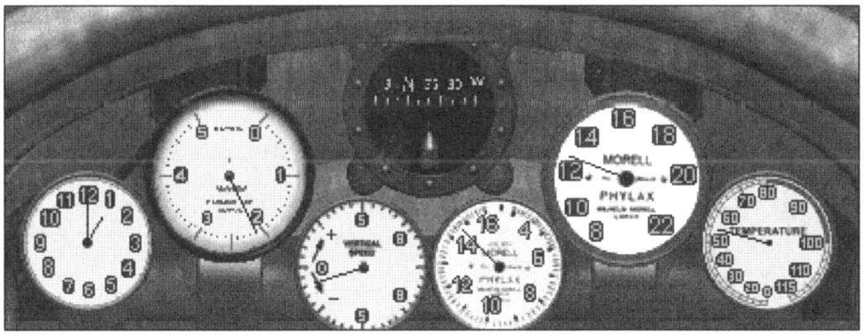

Bild 4.1:
Beobachten Sie stets die Geschwindigkeitsanzeige.

Flugsituationen

Kontrollverlust

Es läßt sich in manchen Fällen kaum vermeiden, daß Sie die Kontrolle über Ihr Flugzeug verlieren. Viele unerfahrene Piloten geraten in Panik, wenn sich ihre Maschine plötzlich nicht mehr beherrschen läßt. Sie rütteln wie verrückt mit dem Steuerknüppel, probieren dies, versuchen das, während das Vehikel unkontrollierbar auf den Boden zurast. Der Pilot verliert jegliche Hoffnung, den Absturz zu verhindern. Um mit einer derartigen Zwangslage umzugehen, üben Sie den Kontrollverlust eines Flugzeuges und bringen Sie es wieder in eine stabile Lage. Laden Sie dazu einen Einzelauftrag und kümmern sich nicht weiter um die Missionsziele. Sie werden einfach in der Gegend herumfliegen und einige Sachen ausprobieren. Sobald Sie sich im Flugzeug befinden, steigen Sie auf eine Höhe von etwa 5.000 Fuß und fliegen geradeaus. Nun drosseln Sie die Geschwindigkeit soweit herunter, bis der Motor keine Leistung mehr bringt. Sekunden später sinkt die Geschwindigkeit auf ca. 35 Meilen pro Stunde und Ihr Vehikel schmiert langsam ab. Obwohl Sie den Steuerknüppel bis zum Anschlag nach hinten ziehen, senkt sich die Flugzeugspitze nach unten und richtet sich unabwendbar in Richtung Erdboden. Dabei ist es so einfach, sich aus dieser unangenehmen Situation zu befreien: Warten Sie, bis der Flieger eine Geschwindigkeit von ca. 50 mph aufgebaut hat, und ziehen Sie dann sanft den Steuerknüppel nach hinten – mit diesem Manöver erreichen Sie wieder eine stabile, waagrechte Flughaltung. Warten Sie nicht zu lange, denn bei Geschwindigkeiten jenseits von 50 mph zerreißt der Luftstrom die Tragflächen. Kam die Maschine schon vor diesem Manöver vom Kurs ab oder geriet ins Gieren, ist es wahrscheinlich, daß sich das Flugzeug dreht. Das gilt besonders dann, wenn man beim Einsetzen der Drehbewegung mit dem Ruder hantierte. Um sich aus der Drehbewegung zu befreien, bedarf es eines Tricks: Finger weg vom Steuer und so lange warten, bis die Rotationsbewegung endet. Dann das Ruder loslassen und die Geschwindigkeit auf ca. 50 mph steigen lassen. Anschließend den Steuerknüppel wieder sanft nach hinten ziehen – Voilá!

Im vorangegangenen Beispiel setzte die Rotation des Flugzeuges bei einer niedrigen Fluggeschwindigkeit ein. In Gefechtssituationen ist man aber wesentlich schneller unterwegs, wodurch sich Drehbewegungen noch fataler auswirken. Probieren Sie einmal folgendes: Fliegen

Bild 4.2:
Den Kontrollverlust ihrer Maschine sollten sie vermeiden.

Sie Vollgas und steigen Sie auf 8.000 Fuß. Drehen Sie Ihr Fluggerät senkrecht um 90°. Sie werden an Höhe verlieren, also ziehen Sie den Steuerknüppel nach hinten und halten ihn in dieser Position, um die Drehung beizubehalten. Irgendwann verlieren Sie die Kontrolle über die Kiste, die sich, abhängig von der Stellung des Querruders, nach innen oder nach außen dreht. In Luftkämpfen ist eine derartige Situation absolut nicht wünschenswert, also setzen Sie alles daran, wieder die Oberhand über die Maschine zu gewinnen.

Um aus zukünftigen Luftkämpfen siegreich hervorzugehen, läßt es sich nicht vermeiden, daß Sie sich mit der trockenen Theorie der Fliegerei und mit der Mechanik eines Flugzeuges vertraut machen. Lassen Sie uns zu Beginn einige Begriffe erklären.

Flugzeugflügel sind so konstruiert, daß Luftströme an den Tragflächen einen Auftrieb erzeugen können. Wenn die Auftriebskraft stärker ist als das Gewicht des Flugzeuges, dann hebt es vom Boden ab. Das Gewicht, das die Flügel tragen können, hängt von mehreren Faktoren ab:

Flügelform: Abhängig von der Formgebung der Flügel gibt es Unterschiede in der Auftriebsstärke.

Geschwindigkeit[2]: Je schneller die Luftströmung, desto besser ist der Auftrieb.

Der Winkel zwischen Flächensehne und Luftstrom: Dieser Winkel wird für gewöhnlich als »Angle of Attack« (»Winkel des Angriffs«) bezeichnet.

Wenn ein Flugzeug mit zu geringer Geschwindigkeit geradeaus fliegt, kann der Luftstrom an den Tragflächen abreißen, und die Maschine senkt sich nach unten. Ein Pilot wird deshalb bei sinkender Geschwindigkeit die Auftriebskraft bzw. den Auftriebswinkel erhöhen, indem er den Steuerknüppel nach hinten zieht. Irgendwann ist auch der Punkt erreicht, an dem die Auftriebskräfte nicht mehr ausreichen, um das Flugzeug in der Waagrechten zu halten. Üben Sie deshalb vertikale Kehren. Drehen Sie die Maschine um 90° und ziehen Sie dabei den Steuerknüppel nach hinten. Idealerweise verwenden Sie dabei auch das Ruder, um zu verhindern, daß das Flugzeug während des Manövers ausbricht. Selbstverständlich können Sie auch die Querruder in das Manöver mit einbeziehen, riskieren dabei aber eine Sturzspirale nach unten. Legen Sie Ihren Fokus auf die volle Schubleistung, gleichen Sie vorsichtig mit den Querrudern aus, machen Sie sich mit dem Auftrieb und den Auswirkungen von Ruderbewegungen vertraut, und fliegen Sie so nah wie möglich am Limit. Übung macht den Meister. Praktizieren Sie die beschriebenen kritischen Situationen so lange, bis Sie für die Gefechte gewappnet sind und den aufziehenden Gefahren mutig ins Auge blicken können.

Maschine ausrichten

Wenn wir schon dabei sind – senken Sie das Flugzeug ein wenig nach vorne, indem Sie den Steuerknüppel nach vorne drücken. Dann betätigen Sie das Ruder und bewegen gleichzeitig den Hebel in die gewünschte Richtung. Um wieder geradeaus zu fliegen, bringen Sie das Ruder und den Steuerknüppel wieder in eine mittlere Position. In einigen Flugzeugmodellen bewegen Sie die Steuerelemente vorsichtig in die gegenüberliegende Richtung. Dazu gehen Sie erst etwas in Querneigung und geben ein bißchen Ruder, während das Flugzeug eine horizontale Position einnimmt. Je schneller Sie die Maschine ausrichten, desto größer muß der Einschlag des Ruders und die Querneigung sein. Wenn sich das Flugzeug in horizontaler Lage befindet, sind die Steuerelemente zentriert. Führen Sie das Manöver nie zu langsam aus, sonst kann es passieren, daß Ihnen die Maschine seitwärts wegdriftet und abschmiert – die Folge von zuwenig Auftrieb.

Landung

Im Gegensatz zu einem Düsenjet ist die Landung eines Veteranenflugzeuges eine leichte Aufgabe. Dennoch steckt in diesem Manöver ein nicht zu unterschätzendes Gefahrenpotential.

Sobald Sie Ihren Flugplatz erreicht haben, vergewissern Sie sich, daß sich keine Hindernisse (Lastwagen, Hangars, Bäume und dergleichen) auf der Landebahn und in unmittelbarer Umgebung befinden. Wenn Sie sich davon überzeugt haben, drosseln Sie die Leistung des Motors auf 80% und senken die Maschine langsam nach unten. Nachdem Sie eine Höhe von 100 Fuß erreicht haben, drosseln Sie die Leistung des Motors auf nahezu 20%, bis die Maschine bedeutend langsamer wird und die Flugzeugnase beginnt, sich nach unten zu neigen. An diesem Punkt drosseln Sie die Antriebsleistung vollkommen zurück und ziehen das Vehikel nach oben, während es langsam zur Erde gleitet. Schließlich berühren die Reifen den Boden und Sie kommen zum Stehen.

Diese Art zu Landen erfordert vom Piloten ein perfektes Zusammenspiel von Augen und Händen. Der Pilot muß den Abstand von Flugzeug und Boden richtig einschätzen und auf das optimale Timing achten. Achtung: Die Flugzeugmotoren kommen bei niedrigen Umdrehungs-

Bild 4.3:
Damit eine unfallfreie Landung gelingt, sollten Sie so langsam wie möglich fliegen.

zahlen schon mal ins Stottern und können zum Leidwesen des Piloten komplett ausfallen. Wenn das passiert, geben Sie Gas, bis die Motoren wieder zum Leben erwachen. Versuchen Sie daraufhin, Ihr Flugzeug wieder auszubalancieren, bis die Reifen Bodenkontakt haben. Wir möchten es an dieser Stelle betonen: Es ist sehr wichtig, daß Sie im Geradeausflug zur Landung ansetzen. Falls Sie die Maschine in einem leichten Winkel auf den Boden aufsetzen, stehen die Chancen nicht schlecht, daß sich das Flugzeug überschlägt und Feuer fängt.

Wollen Sie Ihrem Talent den letzten Schliff geben? Wir schlagen Ihnen vor, gezielt Punktlandungen zu üben. Normalerweise können Sie Ihren Flieger auf ausgedehnten Rasenstrecken in einem großen Territorium aufsetzen, doch diese denkbar einfachen Ladungen tragen nicht unbedingt zur Verbesserung Ihrer Fähigkeiten bei. Suchen Sie sich einfach ein ganz bestimmtes Zielgebiet aus, und nehmen Sie sich vor, genau dort Ihr Vehikel zu landen. Wiederholen Sie das Manöver wieder und wieder, bis Sie die Kiste im Schlaf landen können. Je mehr Selbstvertrauen Sie gewinnen, desto größer sind die Erfolgsaussichten unter Kampfbedingungen.

Es gibt zwei grundlegende Fehler, die ein landender Pilot unbedingt vermeiden muß. Fehler Nummer 1: Die Maschine muß absolut waagrecht auf den Boden aufsetzen, sonst besteht die Gefahr, daß sich das Flugzeug überschlägt oder eine sogenannte »Bumslandung« aus niedriger Höhe eintritt. Die Chancen stehen gut, daß die Maschine dabei keinen allzugroßen Schaden davonträgt. Eine ernste Bruchlandung zerstört allerdings das Fahrwerk. Die schlimmste Bruchlandung kommt dann zustande, wenn in einer Höhe von ca. 20 bis 30 Fuß der Auftrieb an den Tragflächen abreißt. Dabei wird die Maschine auf eine Seite gerissen, schlägt mit der Flügelspitze auf den Boden und fängt Feuer. Versuchen Sie diese lebensbedrohliche Situation zu vermeiden, indem Sie die Flugzeugspitze nach unten drücken, um eine höhere Geschwindigkeit zu erzielen. Oder Sie geben Vollgas, um die Maschine im letzten Moment abzufangen. Ein erfahrener Pilot drückt bei einem Landeanflug den Steuerknüppel nach vorne und zieht ihn dann schnell wieder zurück, sobald die Reifen Bodenkontakt haben.

Luftgefechtstaktik

Ein wirklich erstklassiger Pilot kann Loopings fliegen, beherrscht seine Maschine sogar in Rückenlage und führt auch andere Kunststücke mit seinem Fluggerät vor. Diese Kunststücke sind im Kampf eigentlich nicht unbedingt notwendig, doch ein Pilot, der diese Manöver immer wieder trainiert, weiß, wie er unter extremen Umständen zu reagieren hat. Je größer das Selbstvertrauen eines Piloten ist, desto besser kann er seine ganze Aufmerksamkeit dem Feind widmen – Bishop

In Luftgefechten beschränken sich die Manöver vieler Piloten auf eine straffe Drehung des Flugzeuges. Andere, von der Norm abweichende Kunstgriffe gelten bei diesen Flugzeugführern als exotisch. Richthofen z.B. legte keinen Wert auf Flugakrobatik und behauptete steif und fest, niemals einen Looping geflogen zu sein. Vielmehr war sein Interesse auf die positive Einstellung und Treffgenauigkeit eines Piloten gerichtet. Allerdings gibt es dennoch einige nützliche »exotische« Manöver. Bishop schrieb einst treffend nieder: »Ein Pilot, der viel Zeit in sein Kunstflugtraining investiert, gewinnt an Selbstvertrauen.«

Sie müssen sehr vorsichtig sein, wenn Sie während einer Luftschlacht Kunststücke aufführen. Es besteht die Gefahr, daß Sie sich zu sehr mit dem Kunstgriff beschäftigen, statt Ihre Aufmerksamkeit auf den Feind zu richten. Zudem sinkt bei vielen Manövern die Geschwindigkeit – und ein langsames Flugzeug ist ein leicht zu treffendes Ziel. Sogar dann, wenn Sie wissen, daß sich Ihre Gegner nicht in Schußposition befinden, ist es immer noch gefährlich, langsam zu fliegen.

Die halbe Rolle

Yeates bezeichnete die halbe Drehung als »einzig sinnvolles Manöver während einer Luftschlacht«. Im Zweiten Weltkrieg wurde dieses Kunststück als »Split S.« bekannt. Es dient dazu, einen Gegner hinter sich abzuschütteln. Drehen Sie dazu das Flugzeug auf den Rücken und ziehen Sie den Steuerknüppel nach hinten.

Der Looping

Im Luftkrieg wird dieses Manöver nur selten ausgeführt. Einfach den Steuerknüppel nach hinten ziehen und ihn in dieser Position halten. Die Maschine steigt nach oben und weist nach der Hälfte des Manövers in die entgegengesetzte Richtung. Halten Sie das Steuer nach wie vor angezogen und die Maschine taucht nach unten ab. Am Ende des Loopings befindet sich das Flugzeug wieder in seiner ursprünglichen Fluglage. Am besten beginnen Sie einen Looping damit, daß Sie die Maschine mit relativ hoher Geschwindigkeit leicht nach unten steuern – in Flugzeugen mit einem feststehenden Motor nur Routine; in Kisten mit Rotationsmotor müssen Sie am Wendepunkt des Loopings das Ruder genügend weit nach links bewegen.

In beiden Fällen ist ein Höchstmaß an Fingerspitzengefühl beim nach hinten Drücken des Steuerknüppels gefragt Ein Tick zuviel oder zuwenig gezogen, und Ihre Maschine reagiert mit einem Ausfall des Motors (Stall) oder einer unkontrollierbaren Rollbewegung.

Die »Bremse«

Die »Bremse« ist eine harte Wende nach links oder rechts. Ausgeführt wird das Manöver durch eine Drehung der Maschine um 90° Grad, gleichzeitig ziehen Sie den Steuerknüppel nach hinten. Wenn Sie die Bremse in jede Richtung beherrschen, schaffen Sie es auch, mit Ihrem Flugzeug sobald wie möglich wieder Ihre Position zwischen Kameraden und Feinden einzunehmen. Wenn Sie das Bremsmanöver zu langsam angegangen sind, schlagen Sie das Ruder brachial in die geflogene Richtung ein. Das Ruder wird die Drehung auslösen, ohne die Maschine herunterzuziehen.

Der Immelmann

Ein ideales Manöver, um in die entgegengesetzte Richtung zu fliegen. Es sind zwei Versionen durchführbar. Die erste Möglichkeit: Sie ziehen den Steuerknüppel in gleicher Weise nach hinten, wie Sie es beim Looping gelernt haben. Am Wendepunkt, wenn das Flugzeug in die entgegengesetzte Richtung fliegt, rollen Sie die Maschine einfach in die normale Flugposition. So betrachtet ist diese Variante das Gegenteil einer halben Rolle. Wenngleich dieses Manöver sowohl einen Gewinn an Höhe und einen Richtungswechsel bedeutet, sollten Sie in Gefechtssituationen den Immelmann mit Vorsicht fliegen. Besonders am Umkehrpunkt ist Ihr Jäger leicht verwundbar. Die zweite Möglichkeit, den Immelmann zu fliegen, läßt mehrere Variationen zu. Die artistischste Variante ist ohne Frage der sogenannte »Hammerkopf«, der jedoch für's Gefecht nicht besonders geeignet ist, weil sich das Flugzeug am Wendepunkt sehr langsam bewegt. Fakt ist, daß folgendes Kampfmanöver mehr ist als ein Immelmann: Ziehen Sie den Steuerknüppel nach hinten und lenken Sie sofort das Ruder sowie das Querruder in eine Richtung. Sie können durchaus einen Strömungsabriß am tieferliegenden Flügel riskieren, um eine Zunahme der Rollquote zu bewirken. Maschinen, die mit einem Rotationsmotor ausgerüstet sind, driften beim Heranziehen des Steuerknüppels nach rechts ab, wodurch die Wende schneller erfolgt.

Sturzflug & Abschwirren

Dieses Manöver besteht darin, sich von oben auf den Gegner zu stürzen und aus einer Entfernung von ca. 150 Metern das Feuer zu eröffnen. Ab einer Distanz von 50 Metern stoppen Sie den Beschuß und beenden den Sturzflug. Wenn Sie sich direkt über dem Gegner befinden, kann der Feind seine Maschine scharf nach oben reißen und wird Sie unter Beschuß nehmen. Drehen Sie deshalb nach Beendigung des Sturzfluges eine kleine Rolle, um dem Geschützfeuer auszuweichen. Daraufhin sollten Sie sich wieder in vorteilhafter Höhe befinden. Die Taktik »Sturzflug & Abschwirren« setzt feststehende Motoren voraus, die im Vergleich zu Rotationsmotoren über ein höheres Leistungspotential verfügen. Dafür spielen Flugzeuge mit Rotationsmotoren in schnellen Wendemanövern ihre Stärke aus.

Allgemeine Taktik

Immer obenauf, selten auf der gleichen Höhe, nie darunter. – Mannock.

In Fleisch und Blut übergegangene Luftgefechtstaktiken sind für zukünftige Missionen von unschätzbarem Vorteil. Ein guter Patrouillenführer wird niemals unvorbereitet angreifen. Heute wie anno dazumal im Ersten Weltkrieg gilt es, wichtige Faktoren zu beachten, um daraus Vorteile für die persönliche Weiterentwicklung zu ziehen. Zu den wichtigsten Finessen gehört zweifelsfrei immer wieder das Überraschungsmoment. Der clevere Patrouillenführer verfügt über ausreichend Feuerkraft, Flugerfahrung und zahlreiche andere Eigenschaften. Allerdings wird es sich immer auszahlen, wenn Sie in großer Höhe unterwegs sind. Während des großen bewaffneten Konflikts strotzten die Motoren der stoffbespannten Maschinen nicht gerade von Leistung, wodurch ein Höhenanstieg einige Zeit in Anspruch nahm. Piloten, die bereits in höheren Luftschichten flogen, konnten sich entscheiden, entweder anzugreifen oder sich aus dem Staub zu machen. Wir können nur Mannocks einfaches Statement wiederholen: Zetteln Sie nie einen Luftkampf an, wenn Sie gegenüber dem Gegner keinen Vorteil besitzen. Während des Jahres 1917 entschied die Fähigkeit und Erfahrung der Patrouillenführer über Sieg oder Niederlage.

Der Kommandant trägt die Verantwortung, daß weder er selbst noch seine Piloten von einem feindlichen Angriff überrascht werden. Ist er sich dieser Tatsache nicht bewußt, so kommt er als Geschwaderführer nicht in Frage – Manfred von Richthofen, genannt der »Rote Baron«.

Summa summarum lassen sich zwei taktische Bereiche festlegen. Zum einen obliegt es dem Patrouillenführer, bei einem Kontakt mit dem Feind schon im Vorfeld die Strategie zu bestimmen. Zum anderen sind es die einzelnen Piloten, die während der Kämpfe ihr Schicksal entscheiden. Wenn ein Staffelführer sein Handwerk beherrscht, wird es gar nicht erst zu Zweikämpfen kommen. Der Gegner wird überrascht und hat nicht die Zeit, zurückzuschlagen.

Den Piloten zu überraschen und so nahe wie möglich an ihn heranzukommen, bevor man das Feuer eröffnete, war der sicherste Weg, sein Flugzeug vom Himmel zu holen.«– Rochford.

Die Flugzeugführer des Ersten Weltkrieges hatten keinerlei Vorkenntnisse, was Luftkämpfe anbetraf. So mußte sich jeder Pilot seine eigene persönliche Strategie für Angriff und Verteidigung zurechtlegen. Das »Dicta Boelcke« gilt als eines der ersten Flughandbücher und beinhaltet eine Aufzählung von Richtlinien für Luftgefechte. Die Aufzeichnungen stammen aus der Feder des führenden deutschen Fliegerasses Oswald Boelcke, der auch die treibende Kraft hinter der Aufstellung der Jasta-Staffel im Jahre 1916 war. Obwohl er noch vor Jahresende getötet wurde, befolgten die Jastas die von Boelcke aufgestellten Regeln und dezimierten in einer blutigen Schlacht im April 1917 das Royal Flying Corps.

Im Laufe des Krieges wurden die Luftkämpfe immer komplexer, und Einzelmissionen gehörten der Vergangenheit an. Die Zukunft gehörte den Formationsflügen und der Teamarbeit.

Die Deutschen planten Ihre Luftkämpfe geradezu mit wissenschaftlicher Akribie. Wenn sich die deutschen Piloten nicht in einer sicheren Angriffsposition wähnten, attackierten sie nur widerwillig. Ob ein Fliegerangriff erfolgte, war davon abhängig, in welcher Höhe sie flogen, ob ein Überraschungsangriff gelingen konnte und ob eine zahlenmäßige Überlegenheit gegeben war. Wenn diese Voraussetzungen nicht erfüllt waren, schämten sich die Deutschen nicht, einen Angriff abzublasen und zu fliehen. Überdies war es verpönt, die Frontlinien zu überfliegen. Die Flugzeugführer zogen es vor, die Luftkämpfe über eigenem Territorium auszutragen. Die deutschen Piloten kamen unter anderem auch auf die Idee, die Flugzeugstaffeln kreisförmig anzuordnen und über mehrere Schichten verteilt zu fliegen. Wurde eine Schicht angegriffen, so attackierten die darüber fliegenden Flugzeuge den Unruhestifter und schossen ihn ab. – Yeates.

Mannocks Regeln

Piloten müssen einen Angriff von oben mit viel Schwung fliegen und sollten erst dann feuern, wenn sie sich dem feindlichen Flugzeug auf rund 100 Meter genähert haben.

Überraschen Sie den Feind, indem Sie sich von Osten nähern (z.B. von deutschem Gebiet aus).

Verwenden Sie den Blendeffekt der Sonne, und machen Sie sich die Wolken zunutze.

Piloten müssen durch Ertüchtigungs-Übungen und den sparsamen Einsatz von Anregungsmitteln körperlich fit gehalten werden.

Kampfpiloten müssen den Umgang mit den Maschinengewehren aus dem Effeff beherrschen, da ihre Ziele normalerweise immer in Bewegung sind.

Flugzeugführer müssen in der Lage sein, Maschinen am Himmel so früh wie möglich zu entdecken und zu identifizieren. Andere Flugzeuge werden so lange als Feinde betrachtet, bis deren Zugehörigkeit eindeutig geklärt ist.

Piloten müssen lernen, wo die toten Winkel im Blickfeld des Gegners liegen.

Einsitzer müssen von oben angegriffen werden, zweisitzige Flugzeuge hingegen von unterhalb der Heckflosse.

Das verbreitetste Manöver ist eine schnelle Drehung und muß deshalb immer wieder vom Piloten geübt werden.

Formationsflüge im Abstand von 25 Metern müssen einstudiert werden.

Piloten müssen Raumabstände in der Luft richtig beurteilen können.

Bevor man einen einzelnen Feind angreift, sichert man den Luftraum über ihm ab. Nicht selten ist ein einziges feindliches Flugzeug nur ein Köder, der von oben beschützt wird.

Während eines sonnigen Tages sollten die Flugzeuge immer in einer leichten Querneigung geflogen werden. Reflektierendes Sonnenlicht auf den Tragflächen ist verräterisch und schon in sehr großer Entfernung sichtbar.

Piloten müssen sich in Kämpfen behaupten und sollten niemals geradeausfliegen (ausgenommen während des Feuerns)

Ein Pilot sollte unter keinen Umständen unter dem Gegner wegtauchen, da er sich dadurch in eine fliegende Zielscheibe verwandelt. Merke: Geschosse sind schneller als Flugzeuge! Piloten müssen von Zeit zu Zeit einen Blick auf Ihre Instrumente werfen und auch die Richtung und Stärke des Windes beachten.

Die Angriffstaktik war von den äußeren Begleitumständen abhängig; nur äußert selten kamen zwei absolut identische Situationen vor. Folglich mußte eine konsequente Anpassung der Taktik erfolgen, um über den günstigsten Angriffszeitpunkt zu entscheiden. Allerdings waren folgende Grundsätze immer gültig: Der Gegner mußte überrascht werden und wurde bekämpft, wenn er sich in einer ungünstigen Situation befand. Wenn möglich, erfolgte der Angriff mit einer zahlenmäßig überlegenen Mannschaft. Um dieses Ziel zu erreichen, war es manchmal notwendig, mehr als die Hälfte der Zeit damit zu verbringen, den Gegner in eine unvorteilhafte Position zu manövrieren. War es soweit, mußten die Piloten schnell reagieren und von oben angreifen. Der Kampf wurde so lange fortgesetzt, bis die feindlichen Piloten abgeschossen wurden oder die Flucht ergriffen. – Mannock

Formationen

Formationsflüge waren unsere große Stärke. Unsere Kompaktheit und strenge Ausbildungsmethode bildete die Grundfeste für furchteinflößende und überlegene Formationen. – Fullard.

In den Flugzeugen des Ersten Weltkrieges waren keine Funkanlagen installiert, abgesehen von sehr eingeschränkten Kommunikationsmitteln wie Leuchtsignalen oder Flügelwackeln war eine Verständigung zwischen den Piloten nahezu unmöglich. Ihre Piloten erhalten deshalb vor dem Start ihre Instruktionen. Außerdem wird vor dem Abheben festgelegt, welche Formation geflogen wird. In einigen Fällen wird Ihnen während einer Mission eine bestimmte Formation vorgegeben. Die schnelle Identifikation eines Flugzeuges spielt im Dogfight eine entscheidende Rolle, so daß eine deutliche Markierung der Flugzeuge erforderlich ist. Das gilt in besonderem Maße für die Maschine des Staffelführers.

Die Annäherung

Eines sollten Sie nie vergessen: Halten Sie ständig Ihre Augen offen! Viele frisch gebackene Piloten wurden abgeschossen, weil sie ihre Gegner nicht rechtzeitig erkannten. Es muß Ihnen in Fleisch und Blut übergehen, daß Sie alle zwei Minuten mit größter Konzentration jeden Quadratmeter auf dem Boden und in der Luft nach möglichen Feinden absuchen. Ganz besonders die Region um die Sonne sollten Sie im Auge behalten. – Yeates

Ca. 80% der abgeschossenen Kampfpiloten haben ihren Feind, der sie schachmatt setzte, niemals zu Gesicht bekommen. Die Devise lautet: »Den Feind entdecken, bevor er Sie entdeckt!« Das ist ein entscheidender Schritt, um ein erfahrener Flugzeugführer zu werden.

Wann immer Sie die Frontlinie überfliegen, müssen Sie sich jede Minute den Hals verrenken, um nicht vom Gegner überrascht zu werden – der Rote Baron.

Die besten Piloten des Ersten Weltkrieges konnten bereits aus einer Entfernung von 5 Meilen feindliche Flugzeuge ausmachen. Vielen Piloten gelang es, das Ziel auf etwa der Hälfte der Strecke auszuschalten. In Red Baron II ist es so, daß Sie ab einer Distanz von rund 3 Meilen eine realistische Chance haben, Ihr Ziel aufzustöbern. Sobald Sie Flugzeuge entdecken, müssen Sie zuerst klären, wer und was sie sind. Der Geschwaderführer muß ihre Position bestimmen und entsprechende Flugmanöver einleiten, um einen Vorteil gegenüber den anderen Maschinen zu erlangen.

Die Situation wird durch die seinerzeit typisch deutsche Verhaltensweise erschwert, dicht an den eigenen Maschinen vorbei zu feuern, um so vor einem möglichen Angriff zu warnen (natürlich nur einzelne Patronen statt voller Salven!). Trotzdem: Sobald sich eine Maschine über eigenem Gebiet befindet und beschossen wird, sollten Sie davon ausgehen, daß es sich um feindliches Gewehrfeuer handelt.

Oftmals helfen Ihnen bestimmte Verhaltensmuster sowie die Anzahl der Maschinen bei der Identifikation unbekannter Flugzeuge:

- Eine Formation von sechs oder mehr Maschinen, die keinem bestimmten Kurs folgen = eine Offensivpatrouille von Jagdflugzeugen.
- Eine einzelne, tieffliegende Maschine, die einen zyklischen, rechteckigen Kurs einhält = Ein zweisitziges Artillerie-Observations-Flugzeug.
- Ein einzelner Flieger im Tiefflug, der einen sehr unregelmäßigen Kurs fliegt = Ein Kampfpilot, der Bodenziele angreift.
- Eine einzelne Maschine, die sich sehr weit oben auf einem geraden Kurs befindet = Eine Langstrecken-Aufklärungsmission.
- Eine Formation von sechs oder mehr Maschinen, die sich in mittlerer Höhe aufhalten, wobei zwei bis drei Maschinen unterhalb dieser Zusammensetzung auf beinahe geradem Kurs fliegen = Eine Foto-Patrouille mit Eskorte.
- Zwei große Formationen, eine über der anderen mit einer geraden Flugrichtung = Ein Bomberverband mit Eskorte.

Abhängig davon, welche Position die Flugzeuge im Verhältnis zum Verlauf der Frontlinie einnehmen, kann man relativ sicher bestimmen, ob es sich um feindliche Verbände handelt. Ein erfahrener Staffelführer ist sich immer der Tatsache bewußt, daß Kampfverbände meist in mehreren Ebenen fliegen. Beispiel: Ein kleiner Flugzeugverband, der auf den ersten Blick ein eher leicht zu beseitigendes Ziel zu sein scheint. Vorsicht: Dahinter – oder vielmehr darüber – befindet sich nicht selten ein schlagkräftiges Kampfgeschwader, das Sie gar nicht beachtet haben. Oder der gesichtete Verband ist nur Teil eines großen Jagdgeschwaders.

Routinierte Geschwaderführer beherzigen die Ratschläge Mannocks und pirschen sich an nicht identifizierte Flugzeuge heran, indem sie sich in den Wolken versteckt halten und die blendenden Sonnenstrahlen als Deckung verwenden. Der Anflug erfolgt aus einer unerwarteten Richtung. Beim geringsten Zweifel steigt man mit seiner Maschine nach oben! Der Kommandant sollte unaufhörlich im voraus denken, seine Angriffe planen und ständig nach weiteren Maschinen Ausschau halten.

Während Sie sich Ihrem Ziel nähern, sollten Sie ständigen Blickkontakt mit dem Ziel halten. Wenn Ihr Zielobjekt nach oben zieht oder mit diversen Manövern durch die Luft schießt, müssen Sie davon ausgehen, daß Sie es mit einem erfahrenen Gegner zu tun haben. Falls sich das andere Flugzeug von Ihnen unberührt zeigt, ist es entweder eine verbündete Maschine oder ein gegnerischer Pilot, der sich der Gefahr nicht bewußt ist.

Der Befehlshaber ist die treibende Kraft innerhalb des Geschwaders. Alle anderen Piloten in den Maschinen tragen dafür Sorge, den Luftraum um sie herum zu beobachten. Diese Regel sollte immer gelten, egal wieviele Flugzeuge im Patrouillenverband fliegen. Wenn der Feind entdeckt ist oder einen Angriff beginnt, entscheidet der Geschwaderführer, ob man angreift, bestimmt die entsprechenden Manöver oder befiehlt den Rückzug. Auch die Patrouillenziele und die verhältnismäßige Stärke der Flugzeuge spielen bei der Entscheidung eine wichtige Rolle. Befinden sich die Flugzeuge der Patrouille in großer Höhe, können die Piloten entsprechend vorteilhafte Manöver fliegen und den Spieß umdrehen. Ganz anders die Situation bei einer geringen Flughöhe des Geschwaders. Hier muß rasch die Entscheidung getroffen werden, ob man auf der Stelle angreift und den Feind damit überrascht oder den Rückzug antritt (idealerweise steigt man zum eigenen Frontverlauf zurück).

Angriff

Steigen wir noch etwas tiefer in die Materie ein. Die erste Attacke dient dem Zweck, möglichst viele Gegner zu vernichten und gleichzeitig den Verband auseinanderzuscheuchen, um einen Gegenschlag zu verhindern.

Einen erfolgversprechenden Angriff gegen feindliche Maschinen beginnt man am besten aus großer Höhe von hinten. Der Geschwaderführer feuert ab einer Entfernung von 100 bis 200 Metern auf sein Ziel und bricht seine Attacke erst unmittelbar vor einer noch gerade vermeidbaren Kollision ab.

Die Meinungen gingen auseinander, ob es nun sinnvoller war, daß sich alle Piloten auf ein gemeinsames Ziel stürzten oder doch lieber jeder Kampfpilot für sich einer feindlichen Maschine hinterherjagen sollte. Zunächst wurde alles daran gesetzt, bei der ersten Attacke den feindlichen Geschwaderführer abzuschießen.

Je mehr Piloten sich an den Kämpfen beteiligten, desto größer war die Verwirrung und damit auch die Zahl der Opfer. Viele Piloten neigten dazu, sich mehr Gedanken über einen eventuellen Zusammenstoß mit einem Piloten aus den eigenen Reihen zu machen, anstatt sich mit voller Aufmerksamkeit dem Feind zu widmen. Der Grund für diese seltsam klingende Verhaltensweise: Im Vergleich zu späteren Konflikten zählte man im Ersten Weltkrieg viel mehr Zusammenstöße zwischen eigenen Maschinen. Mannock und Richthofen waren der einstimmigen Meinung, daß es sich nicht lohnte, alleine einem einzelnen Flugzeug nachzujagen.

Nach dem initialen Angriff mußte ein Entschluß gefaßt werden: Hier bleiben, die Dogfights fortsetzen und den Feind vernichten? Oder war es doch angebracht, schnell nach oben zu fliegen, um Höhe für einen weiteren Angriff zu gewinnen? Mit letztgenannter Taktik stand der Angreifer generell auf der sicheren Seite. Der Feind hatte geringe Chancen, mit einem Gegenangriff zu kontern, und dem Attackierenden blieb es überlassen, ob er wieder angriff oder sich zurückzog. Auch die Leistungsstärke der Flugzeuge wurde in die Überlegungen mit einbezogen. Piloten in Flugzeugen mit Rotationsmotor zogen es vor, sich mit dem Gegner spannende Verfolgungsjagden zu liefern.

Wenn Sie ein kleineres Jagdgeschwader gegen eine größere Feindstaffel befehligen oder gar alleine fliegen, ist es sehr wichtig, daß Ihr erster Angriff dem Feind einen sehr großen Schaden zufügt. Planen Sie mit Sorgfalt auch einen möglichen Fluchtweg ein. Das kann ein schneller Anstieg in höhere Gefilde oder eine rasante Geschwindigkeitszunahme bei einem Angriff nach unten sein.

Auch ein einzelner Pilot kann eine listige Attacke inszenieren. Idealer Angriffspunkt ist von hinten oder – ausnahmsweise! – von unten. Sinn dieses Angriffes ist die Vernichtung des hintersten Gegners in der Hoffnung, daß die anderen feindlichen Piloten diesen Angriff nicht bemerken. Denken Sie nur dann ernsthaft über einen Angriff nach, wenn Ihre Maschine hohes Tempo fliegen kann, eine ausgezeichnete Steigfähigkeit bietet oder Sie von Ihrem fliegerischen Talent unter allen Umständen überzeugt sind.

Der Luftkampf

Wenn zwei Geschwader aufeinander treffen und keines von vornherein eine dominierende Position einnehmen kann, entwickeln sich einzelne Luftkämpfe zu einem wichtigen Sieg- oder Niederlage-Kriterium.

Nachdem ein Geschwader die gegnerische Staffel überrascht hat und das Überraschungsmoment verflogen ist, werden sich zwangsläufig Einzelkämpfe ergeben. Formationen neigen dazu, in eine Serie von mehreren Mann-gegen-Mann-Gefechten auseinanderzubrechen. Jeder versucht ein Ziel zu finden, ohne selbst ins Visier zu geraten. In solch verworrenen Gefechtssituationen spielen Teamwork und Führungsqualitäten eine wesentliche Rolle. Eine Patrouille kämpft als Team gegen den Feind, und jeder Pilot sollte darauf achten, daß er seinen Kameraden den Rücken

Bild 4.4:
Zwei Jagdflieger begegnen sich in der Luft.

freihält. Der Geschwaderkommandant muß sich dabei immer bewußt sein, daß er den generellen Verlauf der Schlacht mitbestimmt.

Ein Dogfight ist mit Sicherheit eines der spannendsten Elemente in Red Baron II – und mitunter die schwerste Aufgabe im ganzen Spiel. Einer der Schlüssel zum Erfolg ist Geduld. Ausdauer ist hinter dem Abzug eines Maschinengewehres eine wahre Tugend. So selbstverständlich wie ein Schachweltmeister seine Züge plant, so stellt auch ein erfahrener Pilot mit seinen nächsten Manövern die Weichen für Sieg oder Niederlage. Nichts bleibt dem Zufall überlassen. Analysieren Sie das Verhalten des gegnerischen Piloten und dessen Bewegungen. Überdenken Sie ständig, wie Ihr nächster Schritt aussehen wird. Wenn Sie wild in der Gegend herumballern, werden Sie nicht weit kommen. Piloten, die ohne Pause Runde für Runde sinnlos Blei in den Himmel pumpen, stehen früher oder später mit leerem Patronenbehälter da und sind ein leichtes Opfer für die weise agierenden Piloten des Feindes. Bleiben Sie ruhig und gelassen, und ziehen Sie nur dann den Abzug, wenn Sie wirklich ein erreichbares Ziel vor sich sehen. Ziehen Sie vor den feindlichen Piloten keine aerobatische Show ab. Darauf warten Ihre Rivalen doch nur.

Offensivtaktiken

Straffe Wendemanöver und eine größere Flughöhe gegenüber dem Gegner sind die Schlüssel zum Erfolg. – der Rote Baron

Ich fliege dicht an meinen Feind heran, ziele genau und hole ihn runter. – Boelcke

Offensivtaktiken lassen sich in wenigen Worten zusammenfassen: Bleiben Sie gegenüber dem Gegner immer in vorteilhafter Position, nähern Sie sich dem Gegner auf ca. 100 Meter (am besten hinter seinem Rücken), und setzen Sie ihn außer Gefecht. Selbstverständlich verraten wir den strebsamen Assen noch mehr Tricks & Kniffe.

Erstens sollten Sie darauf achten, daß Sie in Übereinstimmung mit Ihren Stärken und nicht mit denen des Feindes kämpfen. Wenn Sie z.B. in einer Maschine mit festinstalliertem Motor sitzen, wäre es reine Dummheit, sich auf eine Stufe mit einem wendigen feindlichen Flugzeug mit Rotationsmotor zu stellen.

Zweitens sollten Sie einen Angriff von der rechten Seite planen, denn die meisten Piloten kommen mit Flugmanövern nach links besser zurecht.

Drittens können Sie Ihren Gegner mit verrückten Flugmanövern in Panik versetzen. Sie müssen sicher sein, daß sich Ihr Flugzeug außerhalb der Reichweite der gegnerischen Geschütze befindet, und geben einige Feuerstöße aus Ihrem MG ab. Damit zwingen Sie den Gegner zum Richtungswechsel. Richthofen liebte diesen Trick und machte mehrmals davon Gebrauch. Stark wurde seinerzeit mit einer Camel konfrontiert, die durch permanente Richtungswechsel kein einfaches Ziel war. Stark feuerte mehrmals hintereinander aus seinem MG. Der gegnerische Pilot war so erstaunt, daß er seinen Kurs änderte, geradeaus flog und für Stark zur leichten Beute wurde.

Der Weg zum Triumph während eines Dogfights liegt darin, daß Sie ihren Gegner zwingen, zu reagieren – und nicht umgekehrt. Fliegen Sie immer über Ihrem Feind und bewahren Sie einen kühlen Kopf.

Viertens müssen Sie immer Ihre Umgebung im Auge behalten. In Dogfights bekommen Sie nur selten eine zweite Chance. Wenn Sie nicht wissen, was als nächstes passieren könnte und wo sich die feindliche Maschine befindet, sind Sie in größter Gefahr.

»Es macht keinen Sinn, längere Zeit einer einzelnen Maschine nachzujagen« (Bishop). Dennoch ist es richtig, was Mannock schon sagte. *»Kein Flug ist wie der andere«*. Es gibt keine allumfassenden und stets gültigen Gesetze im Luftkampf, nur Richtlinien. Sie müssen sich den allgemein anerkannten Taktiken anpassen, um in verschiedenartigen Standardsituationen professionell zu reagieren. Doch manchmal müssen Sie all diese Gebote über den Haufen werfen.

Defensivtaktiken

Wenn Sie angegriffen werden, müssen Sie die Initiative ergreifen. Setzen Sie alles daran, sich aus dem feindlichen Visier zu manövrieren. Viele unerfahrenen Piloten dieser Epoche reagierten wie versteinert und wurden ohne Probleme abgeschossen. Selbstverständlich sind einige Defensivmanöver besser als andere, doch liegt es bei jedem Piloten selbst, ob er seine Defensivstellung zur Offensive verwandelt oder sich einfach nur dem Angriff entzieht.

Wenn Ihnen ein feindlicher Pilot in den Rücken fällt, sollten Sie Ihre Maschine auf direkten Kollisionskurs bringen. Falls der Feind von links angreift, fliegen Sie eine enge Kurve. Befindet sich der Gegner direkt hinter Ihrer Maschine, können Sie Ihre Kiste in alle Richtungen lotsen, müssen dabei aber die Leistungsfähigkeit des Flugzeuges berücksichtigen. Sitzen Sie in einer Maschine mit Rotationsmotor, ist möglicherweise ein Ausweichmanöver nach rechts der beste Weg. Ist der Feind in diesem Fall mit einem normalen Triebwerk ausgestattet, ziehen Sie natürlich nach links.

Das Schwierigste an Defensivmanövern ist das optimale Timing. Beginnen Sie das Manöver zu früh, hat der gegnerische Pilot genug Zeit, sich darauf einzustellen und dementsprechend seine Strategie anzupassen. Starten Sie hingegen Ihren Kunstgriff zu spät, stellt Ihre Maschine ein einfach zu treffendes Objekt dar. Wenn möglich, sollten Sie nach einer geflogenen Kurve sofort nach oben steigen. Auf diese Weise gelingt es Ihnen vielleicht, die Oberhand zu gewinnen.

Als Alternative zu einer Kurve empfahl das 56. Geschwader seinen neuen Piloten folgendes: »Falls das gegnerische MG-Feuer zu nahe kommt, geben Sie hart Ruder und keine Querneigung – gleiten Sie zur Seite weg!«. Richthofen sträubte sich gegen diese Art von Taktik. Möglicherweise deshalb, weil dadurch die Chance sank, selbst die Initiative zu ergreifen und die Defensive in einen Angriff zu umzuwandeln.

Selbstverständlich können Sie diese Manöver miteinander kombinieren. Viele Camel-Piloten fanden die ideale »Hintertür«, sich selbst aus der Schußlinie zu bringen, indem sie eine enge Kurve mit einem »Abschmieren« des Flugzeuges kombinierten. Sie schlugen den Kontrahenten ein Schnippchen und waren ein kaum zu treffendes Ziel. Die Deutschen eiferten dieser Taktik in ihren Dreideckern nach; Voss verwendete diese Manöver gegen McCudden und wurde vom Gejagten zum Jäger.

Das plötzliche Hochziehen der Maschine ist ein weiterer Trick. Er funktioniert am besten, wenn Sie von einem einzelnen feindlichen Flugzeug angegriffen werden. Ziel dieses Manövers ist es, den Gegner zu zwingen, über das Ziel hinaus zu schießen. Sie können eine Kehre fliegen, um nicht noch weiter an Geschwindigkeit zu verlieren oder einfach nur, um die Flugrichtung zu ändern. Oder Sie setzen das Manöver fort und fliegen einen Looping bzw. einen Immelmann. Es hängt viel von der relativen Geschwindigkeit und der Leistungsstärke des Flugzeugmotors ab. Ein schlecht begonnener Steigflug ist fast immer verhängnisvoll: Der Durchführende fliegt dann mit äußerst niedriger Geschwindigkeit und läßt sich denkbar leicht abschießen. McCudden erinnert sich an folgende Begegnung; die gegnerische Maschine leitete dabei das Manöver ein: *»Die SE gewann bei ihrem Steigflug nur sehr langsam an Höhe. Dann lenkten wir beide nach innen, wobei die gegnerische Maschine an Höhe verlor. Ich flog eine schnelle Kehre und war hinter ihm.«* Für viele Piloten war ein Looping reine Zeitverschwendung. Mannock erklärte, daß ein Steigflugmanöver mit einer Drehung einem Looping vorzuziehen war.

Eine Drehung läßt dem Feind nichts anderes übrig, als am Ziel vorbeizuschießen. Obwohl die Maschine bei einer Drehung/Rolle ein schwer zu treffendes Ziel darstellt, muß man mit den gleichen Problemen wie bei einem Looping kämpfen. Besonders bei einem Einsatz gegen mehrere Gegner war eine Drehung/Rolle sehr gefährlich. Die meisten Piloten rieten deshalb von diesem Trick ab.

Wenn ein Pilot einfach nur fliehen möchte, wird meistens eine Sturzspirale geflogen. Das macht die eigene Maschine zu einem schwer zu treffenden Ziel, und man täuscht den Gegner, der glaubt, Ihre Maschine getroffen zu haben. Problem bei einem Sturzflug: Sie verlieren sehr schnell an Höhe – sollte der gegnerische Pilot die Verfolgung aufnehmen, sind Sie nach der Spiralbewegung wieder eine Zielscheibe.

Bei der Mehrheit der Flugasse war der Sturzflug verpönt, dennoch konnten viele von ihnen mit diesem Manöver ihr Leben in Sicherheit bringen.

Alle Piloten wurden instruiert, bei einer feindlichen Attacke nicht in den Sturzflug überzugehen. Selbst rasch sinkende Maschinen wie z.B. die Spad oder SE5a konnten den feindlichen Projektilen nicht schnell genug ausweichen. Bei einem einfachen Sturzflug geradeaus hatte der Feind leichtes Spiel. Falls Sie in einer schnellen Maschine sitzen und sich aus einer mißlichen Lage befreien wollen, sollten Sie versuchen, dem gegnerischen Visier zu entkommen und aus der Schußlinie zu fliegen. Einen Sturzflug sollten Sie nicht in Betracht ziehen, es sei denn, es bleibt Ihnen keine andere Wahl.

Angriff auf Zweisitzer

Die schlecht ausgerüsteten Zweisitzer mit ihren niedrigen Leistungswerten waren als einfache Ziele hochgeschätzt, besonders die mangelhaft konstruierten britischen Flugzeuge wie beispielsweise die BE2 oder RE8.

Wenn Sie einmal unter dem Ende seines Flugzeugrumpfes flogen, konnte sich der gegnerische Piloten nicht mehr wehren. Selbstverständlich mußte man diese exzellente Position halten, aber das war eine Frage des Geschickes. Ein Einsitzer war gegenüber einem Zweisitzer jedenfalls immer im Vorteil. – McCudden.

Zweisitzer ließen sich nur schwer überraschen, zumal sie dank des heckmontierten Maschinengewehrs sowohl vorwärts als auch rückwärts schießen konnten. Die gebräuchlichste Methode war, wie schon McCudden berichtete, aus einer Entfernung von ca. 100 Metern hinter und 20 Metern unterhalb des Flugzeuges das Feuer zu eröffnen. Die RAF (Royal Air Force) riet zu einem Manöver, das ebenso funktionieren konnte – ein senkrechter Angriffsflug von oben direkt auf den Zweisitzer zu; der Beobachtungsposten befand sich auf diese Weise in einer äußert schlechten Schußposition. Richthofen schlug vor: »*Man greift einen Zweisitzer mit hoher Geschwindigkeit von hinten an...Die einzige Methode, dem geschickten Beobachtungsposten hinter seinem Maschinengewehr aus dem Weg zu gehen, ist seine schnelle Vernichtung mit den ersten Schüssen aus Ihrem Maschinengewehr.*« Vergessen Sie aber nicht, daß ein geschickt geflogener Zweisitzer für einen einzelnen Angreifer ein schweres und gefährliches Ziel darstellt. Mehrere Top-Asse wurden von diesen sogenannten »leichten Zielen« abgeschossen.

Zweisitzer, die sich unter Beschuß befanden, versuchten durch ein schnelles Abgleiten den feindlichen Flugzeugen zu entkommen. Die Hoffnung bestand darin, das gegnerische Flugzeug abzuschütteln und nicht unter den Flugzeugrumpf fliegen zu lassen. Zweisitzer flogen auch langsame Bögen mit geringem Verlust an Höhe, um den Späher wieder in eine gute Schußposition zu bringen.

Schießen

Nahezu alle großen Fliegerasse waren sich einig, daß die wichtigste Fähigkeit eines Piloten im Luftkampf dessen Schußpräzision war. Abgesehen von einigen Naturtalenten empfanden die Flugzeugführer des Ersten Weltkrieges das Treffen eines Zieles im hitzigen Luftkampf als sehr schwer. Ebenso wie jeder andere Aspekt dieser neuen Art des Krieges zur Luft erforderte der Umgang mit den Waffen jede Menge Praxis-Erfahrung.

Die Piloten waren durch ihre Waffen eingeschränkt. In großen Flughöhen vereisten die Maschinengewehre, und nach längeren Feuerstößen funktionierte die Mechanik nicht mehr zuverlässig. Viele Flugasse verbrachten am Boden einige Stunden damit, ihre Waffen zu überprüfen und selbst aufzuladen, um die Chance einer Fehlfunktion in kritischen Situationen zu minimieren.

Die damaligen Flugzeuge trugen ungefähr 500 Schuß Munition pro Maschinengewehr mit sich, was für eine kontinuierliche Salve von rund 50 Sekunden ausreichte. Die deutschen Flugzeuge konnten etwas mehr Geschosse mit sich führen, doch die Piloten verzichteten aus Gewichtsgründen darauf. Die Munitionsladung umfaßte eine Vielfalt an Projektilarten. Die deutschen Flugzeugführer bevorzugten einen Mix aus Standardgeschossen, Schrapnellen und Phosphorgranaten. Für geringe Distanzen von 50 Metern oder weniger war diese Waffenmischung gut geeignet, doch die Treffgenauigkeit sank mit zunehmender Entfernung zum Gegner. Einem RAF-Bericht zufolge lag die Streuung der Geschosse bei einer Entfernung von 200 Metern bei 3 bis 5 Metern – das machte einen Zerstörungsschlag auf große Distanzen sehr unwahrscheinlich.

Ausgestattet mit unzuverlässigen Waffen und einer schlechten Aussicht aus dem Cockpit war es für die Piloten wünschenswert, sich idealerweise direkt hinter dem Gegner (ca. 30 Meter Abstand) zu befinden, um die Gelegenheit beim Schopf zu packen und den Feind mit kurzen Feuerstößen zu vernichten. Kurze Schußfrequenzen waren unumgänglich, um das Risiko einer Ladehemmung zu minimieren. Die meisten Piloten richteten sich danach und setzen ihre Waffen zweckmäßig ein. Das war auch der Grund dafür, daß ein Geschwaderführer jeden Angriff so plante, daß der Feind verblüfft war, um auf diese Weise den eigenen Piloten den Vorteil der einfachsten Schußposition zu verschaffen. Entschlossene Piloten fanden Mittel und Wege, auch aus ungünstigen Lagen heraus den Feind zu vernichten. Mannock befahl seinen Piloten, im Abstand von ca. 5 Metern einen direkten Kollisionskurs auf die feindlichen Maschinen zu fliegen, zu schießen und während des Beschusses das eigene Flugzeug genauso hochzuziehen wie der Gegner und den Steuerknüppel wieder nach unten zu drücken. Der Feind wurde regelrecht von oben bis unten mit Projektilen eingedeckt. Wenn Sie diese Methode beherrschen, besitzen Sie einen großen Vorteil gegenüber Ihren Kontrahenten.

Angriff auf Ballons

Wegen der großen Übermacht an Anti-Flugzeug-Waffen rund um den Bereich von Ballons war ein Angriff auf diese Ziele bei den meisten Piloten nicht sehr beliebt, obwohl es Spezialisten wie z.B. Coppens gab, der insgesamt 36 Ballons vom Himmel fegte. Eine beliebte Angriffsmethode war der schnelle Sturzflug von oben. Der Aggressor konnte somit dem feindlichen Geschützfeuer entkommen und auch mit hoher Geschwindigkeit und niedriger Flughöhe blitzschnell Zuflucht im Gebiet hinter der Frontlinie suchen. Allerdings wurden auch Schleichangriffe mit einzelnen Flugzeugen geflogen, die das Ziel in einer geringen Höhe aufspürten und aus einer unerwarteten Richtung angreifen mußten. Ungeachtet der Methode mußte der Angreifer seinem Ziel möglichst nahe sein, um es abschießen zu können.

Angriff auf Bodenziele

Der Bodenangriff wurde bis auf wenige Ausnahmen von den Piloten gehaßt. Das Können der Piloten war hierfür nicht entscheidend, und früher oder später wurde man vom Flakfeuer vom Himmel gefegt. Der Angriff erfolgte meist paarweise. Camels griffen z.B. simultan aus unterschiedlicher Richtung ein gemeinsames Ziel an.

Archie (Anti-Flugzeug-Waffen)

Anti-Flugzeug-Waffen stellten für die Flugzeugführer keine ernsthafte Gefahr dar, solange ihre Maschinen nicht beschädigt waren und oberhalb 1.000 Fuß flogen. Trotzdem konfrontierte feindliches Geschützfeuer die Piloten eines Patrouillenfluges mit einigen Problemen, die besonders in kritischen Situationen störten. Der Gegner nutzte die Chance für einen gezielten Treffer.

Artilleriefeuer holte nicht nur Flugzeuge vom Himmel. Schon ungezielte Schüsse aus großer Distanz auf ein feindliches Geschwader sorgte für Verwirrung und erschwerte mögliche Luftkämpfe. Sie vermeiden Treffer durch Flakbeschuß, indem Sie Ihr Flugzeug hin und her pendeln. Seien Sie besonders umsichtig, wenn Sie in einer Formation fliegen. Sie wollen doch nicht in ein Flugzeug Ihrer Mannschaft krachen!

TEMP
Airspeed
VSI
ALT

Kapitel 5

Der große Krieg

Der Flieger

Man nannte es den »Flieger«. Es saß auf hölzernen Schienen. Eine leichte Brise wehte über die Dünen von Kitty Hawk. Orville Wright, ein bescheidener Fahrradbauer, lehnte sich gegen den niedrigeren Flügel. Sein Bruder Wilbur ergriff behutsam die rechte Tragfläche, um es auszubalancieren. Ein winziger, selbstgebauter Motor, über Fahradketten mit zwei Propellern verbunden, erwachte zum Leben.

Der Haltegurt war unbefestigt, und so setzte sich der »Flieger« unbeabsichtigt in Bewegung. Wilbur konnte gerade noch rechtzeitig zur Seite springen. Innerhalb weniger Sekunden hob die Konstruktion ab, erreichte eine Höhe von 10 Fuß und flog 12 Sekunden lang mit einer Geschwindigkeit von 30 Meilen pro Stunde. 120 Fuß weiter stürzte der »Flieger« auf den Boden der Tatsachen zurück – dennoch schrieb er Geschichte.

Nach diesem Ereignis nahmen die Brüder ständige Verbesserungen an ihrem neuartigen Fluggerät vor. Sie modifizierten den Motor und balancierten die Gewichtsverhältnisse neu aus. Mit jedem neuen Testflug bewältigte die hölzerne Maschine größere Distanzen. Während des letzten Testflugs des Tages brachten die Brüder den »Flieger« unter volle Kontrolle und schafften es trotz schneidender Gegenwinde, 59 Sekunden in der Luft zu bleiben und eine Höhe von 852 Fuß zu erreichen.

Das war am 17. Dezember 1903. Damals konnte sich niemand vorstellen, was sich in den nächsten 10 kurzen Jahren ereignen würde. Die Technik des Fliegens, an deren Erforschung vor den Wright-Brüdern ganze Brigaden von Ingenieuren und Bastlern gescheitert sind, entwickelte sich zu einem neuen Instrument des Krieges, das sich wie ein Lauffeuer über die ganze Welt verbreitete.

Damals erkannte noch keiner, was die Brüder da gebaut hatten. Und so ging ihre kleine Revolution annähernd unbeachtet im Tagesgeschehen unter. Lediglich eine Handvoll lokaler Zeitungen berichtete über das Ereignis – doch die meisten Leser weigerten sich, den Berichten Glauben zu schenken.

Aber die Erfinder hatten ihre eigene Vision. Ungeachtet des mangelnden öffentlichen Interesses, entwickelten sie ihre Errungenschaft weiter. Es sollte noch bis zur Fertigstellung des »Flieger 3« dauern – einem Flugzeug, das 24 Meilen in 38 Minuten hinter sich brachte – bis die ersten Personen wirklich neugierig wurden.

Staaten aus aller Welt schickten Abgesandte vom Militär, die sich die wundersame fliegende Maschine näher ansehen sollten. Doch Sie wurden von den Brüdern unverrichteter Dinge weggeschickt – die Wrights wollten ihre Erfindung unbedingt den US-Amerikanern anbieten. Doch gerade die U. S. Army stempelte die beiden als verrückte Wissenschaftler ab, die scharf auf Regierungsgelder seien. Entmutigt und mittellos legten die Wrights daraufhin ihre Arbeit für fast zwei Jahre nieder.

In der Zwischenzeit kam die Nachricht von der Erfindung des Flugzeugs auch anderen Erfindern zu Ohren. Viele griffen nun die Ideen der Brüder Wright auf und arbeiteten fieberhaft an einer Weiterentwicklung. Diese weltweite Aufregung setzte auch bei den Wright-Brüdern neue Kräfte frei. Doch erst nachdem sie zum vierten Mal bei der US-Regierung vorstellig geworden waren, stieg das Militär – dank der Unterstützung von Präsident Roosevelt – in das Projekt ein. Orville machte sich sofort auf den Weg nach Ft. Meyer, um eine Präsentation zu organisieren, während sich Wilbour nach Le Mans in Frankreich aufmachte, um eine Firma zum kommerziellen Verkauf von Flugzeugen zu gründen. Das alles geschah im Jahre 1908.

Nach den ersten Demonstrationen entwickelte sich die Luftfahrt rasend schnell. Besonders die Europäer freundeten sich mit der neuen Technologie an. Im folgenden Jahr eröffnete Wilbour eine Flugschule im französischen Pau, gefolgt von weiteren Schulen in Deutschland und Italien.

Im Jahre 1909 machte die Luftfahrt große Fortschritte, die nicht alleine von den Wrights ausgingen. Louis Bleriot überquerte in seinem Eindecker den Ärmelkanal. Die ersten internationalen Luft-Rennen wurden in Rheims in Frankreich ausgetragen. Henri Farman stellte einen neuen Distanzrekord auf: 112 Meilen.

Hubert Latham erreichte eine Höhe von 508 Fuß – Rekord. Und Glenn Curtis flog erstmals mit dem Höllentempo von 48 Meilen in der Stunde.

Nun war auch das Militär ganz und gar von der Sache eingenommen. Nachdem Orville Wright den sichtlich erheiterten Lt. Benjamin Foulois auf einem 10 Meilen langen Flug mit einer Durchschnittsgeschwindigkeit von 42 mph mitgenommen hatte, orderte das US-Kriegsministerium am 2. August 1909 seine erste Militärmaschine.

Nun gab es kein Zurück mehr. Eine Welle der Euphorie durchzog Europa und Amerika. Die erste wirklich erfolgreiche Maschine wurde 1910 vom Australier Igo Etrich gebaut. Seine »Dove« wurde bald in rauhen Mengen von einer enthusiastischen deutschen Regierung hergestellt. Auch Rußland wollte den anderen Ländern in nichts nachstehen und ließ bald die »Grand« in die Luft steigen. Sie konnte 16 Passagiere aufnehmen.

Schon bald machten die Militärs Flugzeuge zu einem festen Bestandteil ihrer Strategien, hauptsächlich zu Aufklärungszwecken. Aus großer Höhe konnten die Militärpiloten lange Distanzen überblicken und Bodenaktivitäten beobachten. Die Piloten beider Kontinente experimentierten mit verschiedenen Bewaffnungen für ihre Maschinen, als sich der Ausbruch des Ersten Weltkriegs abzuzeichnen begann.

Major Jacob Fickle der U.S. Army feuerte den ersten Schuß aus einem »Curtiss«-Doppeldecker ab. Er war lediglich mit einem Springfield-Gewehr bewaffnet.

Commander Cleland Davis der US-Navy entwickelte eine für den Luftkampf optimierte Waffe, die Munition aus einer Trommel abgab, wie wir es von Revolvern kennen. Im Juni 1912 präsentierte Lt. Col. Isaac N. ein leichtes Maschinengewehr, das erfolgreich auf dem Luftwaffen-Testfeld in College Park, Maryland erprobt wurde. Es war an einem Model B der Brüder Wright angebracht und konnte Bodenziele aus einer Höhe von fast 250 Fuß treffen.

In der Zwischenzeit hatte sich auch in England einiges getan. Das »Royal Flying Corps« setzte zum ersten Mal unter der Leitung von Geoffrey De Havilland ein schweres Maschinengewehr ein, das auf dem F.E.2 (»Fighter Experimental Number 2«) montiert worden war. Im nächsten Jahr baute man die 0,75 Kilo schwere »Vickers«, die zur Beseitigung von Zeppelinen an der Spitze von Flugzeugen montiert wurde. Nach weiteren Experimenten war es dann soweit: Der erste kampffähige Doppeldecker – die Vickers F. B. 5 – wurde in Serie hergestellt.

1914 bewegte sich Europa mit Riesenschritten auf den großen Krieg zu – und die Piloten hofften, eine tragende Rolle beim Ausgangs dieses Kriegs spielen zu können.

Der große Krieg

Niemals zuvor kämpfte man mit Luftunterstützung. Unglücklicherweise war die Technologie so neu, daß niemand so recht wußte, wie man sie strategisch am besten einsetzen soll.

Während der ersten zwei Kriegswochen kam kein einziger Pilot ums Leben. Bis zum 12. August 1914, als Oberleutnant Reinhold Janow vom Himmel fiel, nachdem er von einer Salve getroffen worden war. Ironischerweise ist die Wahrscheinlichkeit groß, daß seine Maschine von den eigenen Artillerie-Geschützen durchsiebt wurde. Denn mangels eindeutiger Markierungen am Rumpf waren eigene und gegnerische Flugzeuge nicht voneinander zu unterscheiden – also schossen die Bodentruppen auf alles, was über ihre Köpfe hinwegsegelte.

Die kriegführenden Staaten mobilisierten in kürzester Zeit ihre Luftwaffe. Deutschland schickte 230 Flugzeuge in den Krieg, Frankreich insgesamt 162, Rußland 244 und England 179. Amerika hatte bis dato 23 Flugzeuge gebaut (Bei Ausbruch des Krieges waren sie noch nicht beteiligt. Erst 1917 entschloß man sich, ebenfalls in den Krieg einzugreifen.) Zum damaligen Zeitpunkt kamen noch recht wenige Kampfflugzeuge zum Einsatz, doch sollte sich dies ändern.

Während in den ersten Tagen des Krieges sehr viele Soldaten auf dem Schlachtfeld ihr Leben ließen, war der Himmel ein recht beschauliches Plätzchen. Wenn sich doch mal zwei Piloten begegneten, so umkreisten sie sich, stellten die Nationalität fest, begrüßten sich mit einem freundlichen Winken und zogen wieder von dannen.

Doch es dauerte nicht lange, bis das Kriegsgeschehen auch die Lüfte erfüllte. Die Nationen ließen sich jede Menge einfallen, um den Flugzeugen eine wichtigere Rolle zukommen zu lassen. Während die Piloten zu Beginn noch mit Handfeuerwaffen (!) um sich schossen, montierten die Engländer als erste ein Maschinengewehr an einen Doppeldecker. Nur hatte die Sache den Haken, daß das Flugzeug daraufhin nur noch die Hälfte der ursprünglichen Höhe erreichte. Also schraubte man es flugs wieder ab. In der Zwischenzeit kamen die deutschen Befehlshaber zu dem Schluß, daß es reine Zeitverschwendung wäre, Maschinengewehre an Flugzeugen zu befestigen.

Die Franzosen erwiesen sich als weitaus kreativer und montierten ein leichtes Maschinengewehr an eine Escadrille V.24. Am 5. Oktober 1915 erprobte man die neue Errungenschaft im Kampfeinsatz. Sgt. Joseph Frantz und sein Beobachter Cpl. Lois Quenault griffen damit ein deutsches Flugzeug über der Frontlinie an. Der völlig schockierte deutsche Pilot drehte ab und versuchte die Flucht zu ergreifen, doch die Franzosen blieben am Gegner dran und brachten ihn zur Strecke. So ganz nebenbei haben Frantz und Quenault dabei die ersten Strategien für den Luftkampf aus dem Ärmel geschüttelt.

In Sachen Bomben konnte man keine derartigen Fortschritte verzeichnen. Die meisten Piloten zerrten Artillerie-Granaten an Bord ihrer Maschinen und versahen diese mit kleinen Stabilisatorflossen, um das Trudeln zu unterbinden. Die Franzosen zeigten sich einen Hauch aggressiver, da sie 90-Millimeter-Granaten mit auf die Reise nahmen. Diese Bomben wurden in einer Art Patronengurt um den Bauch des Piloten geschnallt und bei Bedarf per Hand abgeworfen.

Die ersten Monate des Kriegs waren für alle Seiten sehr aufschlußreich. Die Luftfahrt wurde von der traditionellen Kriegsmaschinerie anerkannt und unterstützt, was sie letztendlich auch bitter nötig hatte. Jedes Land forschte nun fieberhaft an Möglichkeiten, die Leistungsfähigkeit der Flugzeuge zu verbessern.

Die Entwicklungen

Die Franzosen waren die führende Nation auf dem Gebiet der Luftfahrt. Im Oktober gab es einen Machtwechsel innerhalb der Luftwaffe, der große Folgen hatte. Innerhalb kürzester Zeit wurden alle Flugschulen geschlossen, um das Material für die Front zu verwenden; und Fabriken wurden zweckentfremdet, um noch mehr Flugzeuge herzustellen. Am Ende verfügten die Franzosen über mehr als 60 Staffeln. Diese wurden für ganz bestimmte Aufgaben eingeteilt. 30 Staffeln mit je sechs Flugzeugen wurden den Aufklärungstruppen zugewiesen und sollten die Artillerie unterstützen. 16 Geschwader waren als Reserve gedacht – für den Fall der Fälle. Weitere 16 wurden für die Bombardierung eingesetzt und unterstanden dem Kommando der GQC (Französiches General-Hauptquartier).

Es kamen damals vier verschiedene Flugzeugtypen zum Einsatz: Die Caudron G3, ein Doppeldecker mit einem 80 PS starken Le Rhone Motor. Sie wurde zur Unterstützung der Artillerie eingesetzt. Die Maurice Farman MF VII »Longhorn« mit Renault Motor diente Aufklärungszwecken. Die Voision LA 5 war ein Doppeldecker, der von einem 130 PS Salmson Motor angetrieben wurde und für die Bombardierung zuständig war. Als Jäger war der schnelle Eindecker Morane-Saulnier Typ L vorgesehen, der von einem 80 PS Le Rhone Motor angetrieben wurde. Alle anderen Modelle wurden unverzüglich aus dem Verkehr gezogen und für Trainingszwecke benutzt.

Die Einführung von Erkennungszeichen

Viele Flugzeuge stürzten in dieser Zeit ab, und nicht selten wurden sie von ihren eigenen Leuten getroffen. Sie waren für die Bodentruppen aufgrund fehlender Markierungen nicht von feindlichen Maschinen zu unterscheiden. Doch schon bald markierten Franzosen und Deutsche ihre

Flugzeuge, und die anderen Staaten folgten ihnen.

Die Franzosen benutzten ein rundes Symbol, das ihrer Flagge nachempfunden war: ein blauer Punkt, umgeben von einem weißen und einem roten Ring. Dieses Symbol wurde auf und unter den Tragflächen angebracht sowie am Rumpf aufgetragen. Am Ruder des Flugzeugs wurde die französische Flagge mit Querstreifen aufgemalt.

Die Briten hingegen entschieden sich zuerst für ihren altbewährten Union Jack. Doch aus großer Höhe sah dieser dem Malteser-Kreuz der Deutschen zum Verwechseln ähnlich. Deshalb entschlossen sich die Briten wenig später zu einem runden Symbol mit einem roten Punkt und einem weißen und blauen Ring darum.

Als sich die Amerikaner 1917 in den Krieg einmischten, trugen ihre Maschinen einen weißen Stern mit einem roten Punkt in der Mitte.

Die Deutschen verwendeten ihr schwarzes Malteser – oder auch »eisernes« – Kreuz auf quadratischem, weißen Hintergrund und brachten es auf die Tragflächen, den Rumpf und das Ruder auf.

Die Tarnung der Flugzeuge

Am Anfang machte man sich um die Grundfarben der Maschinen nur wenig Gedanken. Sie kamen aufgrund des verarbeiteten Materials gebrochen weiß aus den Fabrikhallen, man malte schnell noch die landestypischen Insignien darauf, und ab ging die Post.

1916 kam man dann dahinter, daß man den Maschinen eine Art Schutz vor den feindlichen Aufklärungstruppen verpassen könnte. Die Engländer bemalten die Oberseiten ihrer Flugzeuge oliv-grün. Dadurch waren sie, von oben herab gegen die Landschaft betrachtet, schwer auszumachen. Für die Unterseite benutzte man eine recht helle Farbe, so daß sich die Maschinen von unten betrachtet kaum gegen den hellen Himmel abzeichneten. Die Deutschen hingegen dekorierten die obere Fläche abwechselnd grün und malvenfarben. Es waren allerdings wieder einmal die Franzosen, die die Nase vorn hatten und ihre Flugzeuge sehr überlegt lackierten. An den Seiten und den oberen Flächen brachte man zufällige Muster und Flecken in Erdfarben an, während die Unterseite blau gehalten wurde.

All die schwere Farbe wirkte sich allerdings negativ auf die Leistung der bemalten Flugzeuge aus, und so gingen die Hersteller schon bald zu bedruckten Bauteilen über.

Wer gehört zu wem?

Bestimmte Erkennungszeichen einzelner Einheiten waren schon seit jeher ein fester Bestandteil der militärischen Kultur. Doch die Komplexität des Luftkampfs erforderte noch deutlichere Unterscheidungsmerkmale. Wieder einmal war es Frankreich, das den ersten Schritt machte. Die

Staffel der Eliteflieger in der Brocard Gruppe protzte mit fliegenden Störchen, während die Flugzeuge der Lafayette-Staffel, die von amerikanischen Freiwilligen geflogen wurden, ein Indianer-Emblem trugen.

Die Briten versuchten ihre Zusammengehörigkeit durch geometrische Figuren am Rumpf zu demonstrieren. Sie benutzten Dreiecke, gerade und schräge Streifen, Hanteln, Bumerangs und Sechsecke.

Die Deutschen schmückten ihre Flugzeugstaffeln mit den farbenfrohesten Insignien, so daß ihre Flieger von den Allierten als »Zirkusse« bespöttelt wurden. Der erste Zirkus, die JG 1 des Roten Barons, trug schwarz-weiße Schachbretter auf den Flugzeugen der Jasta 3, bei der Jasta 4 waren es Schlangenmuster. Die Maschinen der Jasta 10 verfügten über einen gelben Rumpf, bei der Jasta 11 wurde der Rumpf rot bemalt.

Jetzt wird´s persönlich

Personenbezogene Markierungen halfen den Mitgliedern der Gruppen und Staffeln, sich gegenseitig zu identifizieren. Die Engländer gebrauchten Buchstaben, die Franzosen und Amerikaner Nummern. Die Deutschen benutzten eigene Embleme und Farben. Die jeweiligen Staffelführer erhielten noch diverse diagonale Streifen auf den Tragflächen, um sie besser hervorzuheben.

Rickenbackers Spad trug rot-weiß-blaue Streifen auf den Tragflächen. Browns Camel war von einem rot-weißen Sparren gekennzeichnet. Und Ernst Udet war verrückt nach den rot-weißen Zuckerstangenstreifen auf der oberen Tragfläche seiner Fokker D VII.

Letztendlich blieb jedem Piloten die Wahl seiner Symbole und Farben selbst überlassen, nur aussagekräftig mußten sie sein. Der Phantasie waren keine Grenzen gesetzt. Und so wurden die Maschinen von Totenschädeln, Särgen, gekreuzten Knochen, Kerzenflammen und sogar Herzchen verziert. Das deutsche Ass Werner Voss kennzeichnete seine Flugzeuge mit einer gewagten Kombination aus Herzen und Hakenkreuzen.

Mit der Zeit verfielen die Piloten einem regelrechten Insignien-Wahn. Rudolph Stark, Kommandeur der bayrischen Jasta 35, sagte einmal: »Wir landeten und brachten unsere Schätzchen in die Flughallen. Der Maler versah unsere Flugzeuge mit den Merkmalen der Staffel, die Pfeilspitzen auf den Tragflächen, und bemalte den Rumpf mit den individuellen Farben. Bei meiner Maschine ging er besonders sorgfältig vor: Er umrandete meinen lila Streifen mit hauchdünnen schwarzen Linien. Erst dann gehörten die Maschinen richtig zu uns.«

Verbesserungen

Im Jahre 1915 waren die Flugzeuge zwar alle mit Maschinengewehren bestückt, doch die Trefferquote war bescheiden. Sie waren einfach zu langsam, um Feinde verfolgen zu können.

Man versuchte diesen Zustand zu verbessern, indem man die Maschinengewehre auf die Oberseite setzte, um über die Propeller hinweg zu schießen. Doch war dies auch noch keine befriedigende Lösung. Wieder einmal waren es die Franzosen, die mit einer neuartigen Technik auf sich aufmerksam machten. Eine schnelle Morane-Saulzer wurde mit dem ersten mit dem Propeller »synchronisierten« Maschinengewehr der Welt bestückt. Um eine echte Synchronisierung handelte es dabei allerdings nicht – der Propeller wurde lediglich mit Ablenkblechen versehen, damit ihm die Kugeln keinen Schaden zufügen konnten.

Roland Garros schrieb Geschichte, als er am 1. April 1915 zwei Deutsche in ihrem Flugzeug abschoß und zwei Wochen später wiederum zwei Tote auf seinem Konto verbuchen konnte. Er wurde zum Nationalhelden, und seine Landsleute betitelten ihn als »As«. Der Name »As« machte Furore, und jeder, der von nun an mehr als fünf Piloten abschoß, wurde als As bezeichnet.

Garros wurde jedoch 1915 über deutschem Gebiet abgeschossen, und sein Flugzeug fiel dem Gegner in die Hände. Der holländische Flugzeugbauer Anthony Fokker analysierte das Waffensystem der Franzosen und machte sich sofort daran, es zu verbessern. Innerhalb von nur 24 Stunden entwickelte er eine Apparatur, die auf mechanischer Synchronisation beruhte. Mit Hilfe dieser Apparatur gab das Maschinengewehr keinen Schuß ab, solange sich ein Propellerblatt an der Gewehrmündung vorbeibewegte. Mit dieser Technik machte er sich auf, um sie an der Front zu erproben.

Nach wochenlangen Veränderungen und Verbesserungen wurden Oswald Boelcke und Max Immelmann mit dem überarbeiteten Fokker Eindecker ausgerüstet. Am 1. August errang Immelmann seinen ersten Sieg, indem er eine britische RAF B.E.2c über der Stadt Douai abschoß. Boelke tat es seinem Kameraden gleich, und es dauerte nicht lange, bis das Duo den Himmel förmlich leerfegte.

Bis Oktober hatte jeder Pilot acht Treffer auf seinem Konto, was eine Auszeichnung mit der begehrten Blue Max Medaille nach sich zog.

Die Alliierten wurden von den Erfolgen der beiden Deutschen regelrecht demoralisiert. Im Jahre 1915 versuchten sie verzweifelt, auf den technischen Stand der Deutschen aufzuschließen. Die unschlagbare Kombination aus dem Einsitzer Fokker E I und dem Zweisitzer Typ C verbreitete grenzenlosen Terror in den Lüften. Die Gegner sahen sich zu einer Entscheidung gezwungen und setzten ihre Bomber ein. Doch geschah dies eher aus Panik als aus Kalkül. Schon bald kamen die strategischen Bombardements der Alliierten vollends zum Erliegen. Kein Wunder: Während einer einzigen Mission schossen die Fokker Eindecker sechs französische Bomber ab. Daraufhin setzten die Alliierten auf eine neue Maschinengewehr-Technologie, um der »Fokker-Plage« Herr zu werden.

Die Bezeichnungen der deutschen Flugzeuge

Die Palette an weltweit produzierten Flugzeugmodellen wurde so umfangreich, daß kein Weg mehr daran vorbei führte, all die unterschiedlichen Maschinen in neue Kategorien einzuteilen. Die Deutschen teilten ihre Maschinen in zwei Kategorien ein: Typ A (Eindecker) und Typ B (Doppeldecker). Mit Fortschreiten der Kriegsaktivitäten wurden diese Kategorien erweitert. Nebenstehende Tabelle enthält alle deutschen Flugzeug-Kategorien. Die Nummern hinter den Codes spezifizieren den militärischen Verwendungszweck.

Code	Beschreibung
A	Einmotoriger, unbewaffneter Eindecker
B	Einmotoriger, unbewaffneter Doppeldecker
C	Einmotoriger, bewaffneter Zweisitzer
CL	Leichter einmotoriger, bewaffneter Zweisitzer
D	Doppeldecker – einmotoriger, bewaffneter Einsitzer
E	Eindecker – einmotoriger, bewaffneter Einsitzer
F	Dreidecker (wurde von der Bezeichnung »Dr« ersetzt)
Dr	Dreidecker – einmotoriger, bewaffneter Einsitzer
G	Großflugzeug – zweimotoriger, bewaffneter Mehrsitzer (Doppeldecker)
J	Infanterieflugzeug – gepanzerter und bewaffneter Mehrsitzer (Doppeldecker)
N	Nachtbomber – vergleichbar mit der G- und R-Klasse
R	Riesenflugzeug – gewaltiger, mehrmotoriger und mehrsitziger Langstreckenbomber
S	Aufklärungsflugzeug, das knapp über dem Boden fliegt, vergleichbar mit der J-Klasse
W	Wasserflugzeug

Die französischen Flugzeugtypen

Die Franzosen unterteilten ihre Maschinen nach Funktionen. Diese Bezeichnungen richteten sich nach dem Hersteller, der Modellnummer, dem Einsatzzweck und der Anzahl von Crew-Mitgliedern.

Sie wurden wie folgt eingeteilt:

Code	Beschreibung
A	Corps d` Armee: Kooperation mit der Armee, unterstützten die Artillerie und lieferten Aufklärungsbilder
Ap	schnelle Langstrecken-Aufklärer
B	Bombardment – Bomber
Bn	Bombardment Nuit – Nachtbomber
C	Chasse – Verfolgungs- und Kampfflugzeug
Ca	Canon – Flugzeuge mit einem 37-mm-Geschütz
E	Ecolle – Trainingsflugzeug
H	Hydroavion – Wasserflugzeug
S	Sante – Medizinischer Transport

Die britischen Flugzeugtypen

Als es um die Einteilung nach Typen ging, hatten die Engländer ihre eigenen Vorstellungen. Einfach und treffend sollten sie sein.

Code	Beschreibung
B.E.	British Experimental – Vorkriegs-Doppeldecker
F. E.	Fighter Experimental – Flugzeug mit Antrieb in Pusher-Ausführung
R.E.	Reconnaissance Experimental – Zweisitziger Aufklärer
S. E.	Scout Experimental – Einsitziger Jäger

Im Cockpit

Die offenen Cockpits der Flugzeuge aus dem 1. Weltkrieg gaben den Piloten geringen Schutz. Hinter dem Propeller bliesen dem Piloten Winde mit einer Geschwindigkeit von knapp 100 Stundenkilometern ins Gesicht. Hinzu kamen die extrem niedrigen Temperaturen in großen Höhen. Zum Schutz vor Wind und Wetter trugen die Piloten Vlies-gefütterte Lederanzüge. Später ging man zu Segeltuch-Overalls über, die mit Hundehaaren ausgefüttert wurden. An den Füßen trugen sie fellbesetzte Schuhe und an den Händen dicke Pelzhandschuhe. Lederhelme rundeten ihr Outfit ab. Jeder kennt die Bilder aus dem 1. Weltkrieg, auf denen Piloten mit flatternden Schals gezeigt werden. Diese Schals dienten jedoch weniger zum Warmhalten als zum Säubern der Schutzbrille von Ölspritzern aus den Motoren.

Das Cockpit war mit allerlei Anzeigen, Schaltern und Hebeln bestückt. Steuerknüppel und Pedale zum Manövrieren, ein Abzug fürs Maschinengewehr an der Spitze des Knüppels, Regler für die Schubkraft, Vergaserventile und Drosselklappen zum Verändern der Flughöhe, ein Schalter zum Zuschalten des Reservetanks, eine Handpumpe für die Druckanpassung in den Treibstofftanks, und, und, und...

Der Pilot hatte eine Kartentafel ums Knie geschnallt und die Munitionskiste zwischen die Beine geklemmt. Er saß direkt neben dem rückwärtigen Part des Maschinengewehrs, das für den Fall einer harten Landung gepolstert war.

Die Fluginstrumente bewegten sich vom Niveau her irgendwo zwischen lächerlich und nicht vorhanden. Das wichtigste Instrument war eine funktionierende Uhr. Der Pilot konnte seinen Standort mit Hilfe des barometrischen Höhenmessers und des Kompasses bestimmen. Die Fluggeschwindigkeit wurde sehr ungenau von sogenannten Pitot-Röhren gemessen. Und beleuchtete Anzeigen für den Nachtflug tauchten erst im Jahre 1917 auf.

Die Piloten jener Zeit waren zumeist nicht mit Fallschirmen ausgestattet. Lediglich Ballonfahrer durften einen Schirm mit sich führen, alle anderen Aeronauten mußten darauf verzichten – mit Ausnahme der glücklichen Deutschen, die aber während des letzten Kriegsjahres ebenfalls »ohne« fliegen mußten. Den Piloten wurde der Fallschirm deshalb verweigert, weil das Oberkommando die Zahl der »Aussteiger« von vorn herein klein halten wollte.

Bitte lächeln!

Als sich die Lage an der Westfront zuspitzte, ging man dazu über, Kameras mit an Bord zu nehmen. Die Schützengräben wurden zu komplex, um sie auf Papier zu bringen. Erst der Einsatz von Kameras machte es möglich, ein ganzes Gebiet im nachhinein zu analysieren. Anfangs wurden handelsübliche Kameras verwendet, die einfach aus dem Cockpit gehalten und per Hand bedient wurden. Später jedoch wurden spezielle Flugzeugkameras entwickelt.

Die Engländer J. T. C. Moore-Barabazon und C. D. M. Campbell entwickelten 1914 die erste Aufklärungskamera für den Lufteinsatz. Sie wurde Modell A genannt und war eine Konstruktion aus einer 9-7/8-Inch Zeiss-Tessar Linse in einem Holzgehäuse.

Die späteren Modelle C und E verfügten schon über ein Metallgehäuse und ein schwerkraftgetriebenes Bildmagazin für Dutzende von Aufnahmen. Sie wurden mittlerweile auch am Rumpf der Maschine befestigt. Um sie zu bedienen, mußte sich der Pilot hinauslehnen und sich damit für kurze Zeit dem eiskalten Flugwind aussetzen – keine Frage, daß Aufklärungsflüge dieser Art nicht besonders beliebt waren.

Der Deutsche Oskar Messter brachte im Jahre 1915 eine Kamera auf den Markt, die eine Filmrolle für mehr als 250 Bilder enthielt. Die Filmtransport erfolgte – sehr zur Freude der Crew – über eine Winde im Cockpit. Später entwickelte Messter eine vollautomatische Kamera, die den Filmtransport mit Hilfe eines kleinen Propellers erledigte. Mit diesem Wunderwerk der Technik konnten 37 Meilen am Stück archiviert werden.

Die Franzosen hingegen legten mehr Wert auf Genauigkeit und kartographierten die gesamte

Frontlinie mit besonderer Akribie. Dazu entwickelten sie Kameras mit Brennweiten zwischen 50 Zentimetern und 2,1 Metern, mit denen man feindliche Stellungen von bis zu 100 km Länge exakt kartographieren konnte. Diese Bilder wurden dann vergrößert und ersetzten bald die herkömmlichen Karten.

Diese Art von Aufklärung betrieb man aus einer Höhe von rund 1.000 Fuß. Mit einer Kamera, die über eine 8-Inch-Linse verfügte, konnte man etwa eine Quadrat-Meile ablichten. In den letzten Jahren des Krieges entwickelten die Briten über 6,5 Millionen, die Franzosen 675.000 und die Amerikaner allein in den letzten fünf Monaten 1,3 Millionen Fotos.

Formationen

Der Krieg dauerte zwei Jahre, bevor man endlich zum Formationsflug überging. Davor flogen die Maschinen allein durch die Gegend.

1915 wurde erstmals eine Formation gegen die »Fokker-Plage« eingesetzt. Die Alliierten setzten die »V«-Formation ein und hofften so, sich besser verteidigen zu können. Auch als »Vee« oder »Vic«-Formation bekannt, wurde sie im Laufe des Krieges zum beliebtesten Flugmuster. Boelcke formierte sechs Flieger zu einer großen Formation, und auch Richthofen setzte die V-Gliederung für seine brutalen Jagden ein.

Diese Aufstellung sah vor, daß der Chef vorne flog und die Flügelmänner zwei Reihen bildeten, die leicht nach hinten versetzt waren. Diese flogen für gewöhnlich etwas höher als die anderen. Die Formationen bewegten sich in der Regel nur mit Dreiviertel ihrer Höchstgeschwindigkeit, damit jederzeit einer der Hintermänner nach vorne stoßen konnte.

Andere Formationsmuster wurden für spezielle Aufgabenbereiche ausgetüftelt. So ließ sich mit einer Diamantformation aus vier Maschinen hervorragend ein Zweisitzer eskortieren. Jäger waren des öfteren in einer schräg versetzten Staffelung unterwegs, um die Kommunikation zu erleichtern und ihr gemeinsames Schußfeld zu vergrößern.

Bald stellte sich heraus, daß sich die optimale Anzahl für Formationen auf fünf bis sieben Maschinen belief. Weniger Maschinen konnten sich nicht effektiv verteidigen, und ein größerer Haufen wurde zu schwerfällig. Im Jahre 1918 dirigierte die RAF gewaltige Jägerattacken, die aus mehreren Geschwadern in großer Formation zusammengesetzt waren. Ein Angriffsflügel der Royal Air Force bestand für gewöhnlich aus mehreren Camel-Geschwadern, S.E.5a's, und einem Sopwith Dolphin Geschwader. Alle Maschinen patrouillierten gemeinsam, wobei jedes Geschwader rund 2.000 Fuß über und drei Meilen hinter dem voranfliegenden Verband seinen Platz einnahm.

Viel Glück!

Sie können natürlich nicht erwarten, daß ein Pilot einfach in seine Maschine steigt und auf Gott vertraut, er würde ihn schon heil nach Hause bringen. Jeder braucht natürlich seinen eigenen

Glücksbringer. Was nun folgt, ist eine Liste mit sehr talentierten Piloten, die stets einen bestimmten Gegenstand bei sich trugen:
A. A. Kazakov: Bild des St. Nicholas
Werner Voss: Ein buntes Seidenhemd, um die Frauen zu beeindrucken, falls er über Paris abgeschoßen werden sollte
Tab Pflaum: ein Stoffkänguruh
Elliot White Springs: eine Flasche Gin
Albert Ball: ein Stück Pflaumenkuchen
Jean Navarre: einen Seidenstrumpf
Eddie Rickenbacker: ein Kruzifix in einem Lederbeutel
John Gridder: ein Bruchstück der Maschine, mit der er seinen ersten Absturz überlebte

Organisations-Begriffe

Anzahl der Maschinen	Briten	Amerikaner	Franzosen	Deutsche
6 oder weniger	Flight	Flight	–	Kette
6-18	Squadron	Squadron	Escadrille	Staffel & Abteilung
20-80	Group	–	Groupe	Geschwader
90-300	Wing	Wing	Escadre	Stofl
200-400	Brigade	–	Groupement	Kofl
650	–	–	Division Aerienne	–
1000-4000	RAF	USAS	Aeronautique Militaire	Luftstreitkräfte

Bewaffnung

Feststehende synchronisierte Maschinengewehre

Vickers Mk.1

Hergestellt in: England
Kaliber: 0,303 Inch
Feuerrate: 500 Schuß/min
Munition: Patronengurt
Entwicklungsjahr: 1915
Gewicht: 28,5 lb

Spandau LMG 08/15

Hergestellt in: Deutschland
Kaliber: 7,92 mm
Feuerrate: 450 Schuß/min
Munition: Patronengurt
Entwicklungsjahr: 1915
Gewicht: 13 kg

Schwarzlose M 7/12 MG

Hergestellt in: Österreich – Ungarn
Kaliber: 8 mm
Feuerrate: 420 Schuß/min
Munition: Patronengurt
Entwicklungsjahr: 1915
Gewicht: 13,2 kg

Marlin Model 1917/18

Hergestellt in: USA
Kaliber: 0,3 Inch
Feuerrate: 650 Schuß/min
Munition: Patronengurt
Entwicklungsjahr: 1917
Gewicht: 10 kg

Schwenkbare Maschinengewehre

Lewis Mk.1

Hergestellt in: England und Belgien
Kaliber: 0,303 Inch
Feuerrate: 550 Schuß/min
Munition: 47-Schuß-Magazin
Entwicklungsjahr: 1915
Gewicht: 25,25 lb

Parabellum IMG 14

Hergestellt in: Deutschland
Kaliber: 7,92 mm
Feuerrate: 700 Schuß/min

Munition: Gurt in 250-Schuß-Magazin
Entwicklungsjahr: 1915
Gewicht: 9,5 kg

Hotchkiss Modele 1909

Hergestellt in: Frankreich
Kaliber: 8 mm
Feuerrate: 600 Schuß/min
Munition: 25-Schuß-Streifen
Entwicklungsjahr: 1914
Gewicht: 12,25 kg

Revelli Modello 1914

Hergestellt in: Italien
Kaliber: 6,5 mm
Feuerrate: 450 Schuß/min
Munition: Box mit 50 Magazinen
Entwicklungsjahr: 1915
Gewicht: 17 kg

Colt-Browning 1995-1914

Hergestellt in: USA
Kaliber: 0,3 Inch
Feuerrate: 450 Schuß/min
Munition: Aufgewickelter Gurt
Entwicklungsjahr: 1914
Gewicht: 15,87 kg

Madsen 1902

Hergestellt in: Russland
Kaliber: 7,62 mm
Feuerrate: 425 Schuß/min
Munition: 25er- oder 40er-Magazin
Entwicklungsjahr: 1915
Gewicht: 9,07 kg

TEMP
Airspeed
VSI
ALT

Kapitel 6

Die Flugzeuge von Red Baron II

Das Spiel Red Baron II stellt Ihnen eine große Vielfalt an Flugzeugen zur Verfügung. Wenn Sie an einem Kampagnenspiel teilnehmen, werden Sie jeweils die Flugzeuge fliegen, die der Zeitepoche entsprechen. Sie werden erfahren erlangen, mit welchen Problemen die Piloten der damaligen Zeit gekämpft haben, und die unglaublichen Fortschritte erkennen, die fast monatlich stattfanden.

Jedes Flugzeug in dieser Übersicht verfügt über Stärken und Schwächen. Ein scharfsinniger Pilot überprüft jedes Modell auf Herz und Nieren, bevor er in das Kampfgeschehen eingreift. Nichts ist schlimmer, als wenn mitten in einem hitzigen Gefecht die Tragflächen abreißen, weil Sie sich zuvor eingehend mit den Konstruktionsmerkmalen Ihres Vogels beschäftigt hatten.

»Übung macht den Meister«. Studieren Sie die Vor- und Nachteile eines jeden Flugzeugtyps. Mit einigen Modellen können Sie sehr enge Kurven fliegen; andere Maschinen wiederum erreichen eine größere Flughöhe. Machen Sie sich bewußt: Sie und das Flugzeug bilden eine Einheit.

Die Maschinen mit feststehendem Motor (wie z.B. die RAF S.E.5a, Albatros D III und Spad S.13) sind leistungsstarke Flugzeuge, die sich durch eine hohe Endgeschwindigkeit und hervorragende Steigflug-Eigenschaften auszeichnen. Sie hatten eine relativ stabile Fluglage und ließen sich generell leichter manövrieren als Maschinen mit Rotationsmotor.

Maschinen mit Rotationsmotor waren zwar temperamentvoll, aber technisch anfällig. Sie konnten z.B. ein derartiges Flugzeug nicht mit laufendem Propeller am Boden stehen lassen. Denn bereits Sekunden nach dem Anlassen des Motors mußte ein solches Flugzeug in die Luft gebracht werden, um durch den Flugwind ein Heißlaufen des Triebwerks zu verhindern.

Das Treibstoffsystem der Maschinen mit Rotationsmotoren war eine komplizierte Angelegenheit. Der Pilot mußte ständig dafür sorgen, daß der Mix von Luft und Sprit ausgewogen war. Der Pilot konnte lediglich zwischen »Volle Kraft« und »Aus« wählen. Aber es war gar nicht das Tanksystem, das die Rotationsmotoren so schwierig zu handhaben machte. Die große Masse, die während einer hohen Geschwindigkeit bewegt werden mußte, verursachte einen Kreiseleffekt. Bei Schwenks auf die rechte Seite ging die Flugzeugspitze nach unten, bei einem Linksflug wanderte die Flugzeugspitze nach oben. Unerfahrene Piloten waren ob dieser Auswirkungen ziemlich überrascht. Wegen mangelnden Trainings mit diesem Effekt waren einige Todesopfer zu beklagen.

Beachten Sie: Nicht für alle Flugzeuge stehen die Informationen vollständig zur Verfügung.

Deutsche Flugzeuge

Fokker EIII

Hersteller: Fokker Flugzeug-Werke GmbH
Einführung: 15. Oktober 1915
Anzahl der gebauten Einheiten: 150
Kategorie: Jagdflugzeug
Motor(en): Oberusel U.I 100 PS 9-Zylinder-Rotationsmotor
Tragflächenspannweite: 9,5 m
Länge: 7,19 m
Gesamtgewicht: 604 kg
Höchstgeschwindigkeit: 142 km/h
Flughöhe: 3500 m
Leistungsdauer: 2 h
Besatzung: 1
Bewaffnung: 1 oder 2 Spandau 7.92-mm-Maschinengewehre

Die Fokker EIII war als erstes deutsches Flugzeug mit einem synchronisierten, nach vorne schießenden Maschinengewehr ausgerüstet. Die Piloten erhielten den Befehl, nicht über die feindlichen Frontlinien hinweg zu fliegen. Mit diesen Ordern sollte verhindert werden, daß dem Gegner das Geheimnis des synchronisierten Getriebes in die Hände fällt. Das Flugzeug war bis zur Entwicklung der Nieuports und Spads die Nummer 1 am Himmel. Die weiterentwickelte

Fokker EIII galt als einer der besten Eindecker. Obwohl sie untermotorisiert und langsam war, konnte sie die meisten alliierten Flieger vernichtend schlagen. Diejenigen Piloten, die dieser Maschine begegneten, nannte man auch scherzhaft »Fokkerfutter«.

Albatros DII

Hersteller: Albatros Werke GmbH
Einführung: 1. Oktober 1916
Kategorie: Jagdflugzeug
Motor(en): Mercedes 160 PS
Tragflächenspannweite: 8,48 m
Gesamtgewicht: 879 kg
Höchstgeschwindigkeit: 175 km/h
Flughöhe: 5200 m
Leistungsdauer: 1.5 h
Besatzung: 1
Bewaffnung: Zwei Spandau-Maschinengewehre
Die Albatros D II war eine modifizierte Version der Albatros D I. Die Piloten beschwerten sich bei der Albatros D I über eine schlechte Sicht aus dem Cockpit. Um dieses Problem zu beheben, befestigte man die obere Tragfläche näher am Rumpf. Dort waren auch zwei synchronisierte Maschinengewehre installiert. Diese Konstruktion war bei deutschen wie auch bei alliierten Kampfflugzeugen Standard. Gegen Ende des Jahres 1916 führte die erhöhte Produktion des Albatros zu einer zahlenmäßigen Luftüberlegenheit auf deutscher Seite.

Albatros D III

Hersteller: Albatros Werke GmbH
Einführung: Januar 1917
Anzahl der gebauten Einheiten: 1.350
Kategorie: Jagdflugzeug
Motor(en): Hochverdichtende Mercedesmotoren 160 PS / Oberusel U.III 163 PS
Tragflächenspannweite: 9,04 m
Länge: 7,32 m
Gesamtgewicht: 877 kg
Höchstgeschwindigkeit: 175 km/h
Flughöhe: 5500 m
Leistungsdauer: 2 h
Besatzung: 1
Bewaffnung: Zwei leichte Spandau-Maschinengewehre

Die D III war agiler und schwerer bewaffnet und ersetzte bisherige Konstruktionen. Durch den Einsatz von V-Streben konnte das Flächenmaß der unteren Tragfläche verringert werden und verbesserte damit die Sicht nach unten. Das Problem war, daß sich die Streben während des Fluges verziehen konnten. Manfred von Richthofen, einer der ersten Piloten, die mit diesem Flugzeug flogen, bekam es am eigenen Leib zu spüren: Während des Einsatzes zerbrach die untere Tragfläche.

Albatros D V

Hersteller: Albatros Werke GmbH
Einführung: 1917
Kategorie: Jagdflugzeug
Motor(en): Mercedes IIIa 180 PS
Flughöhe: 6000 m
Leistungsdauer: 2 h
Besatzung: 1
Bewaffnung: Zwei leichte Spandau-Maschinengewehre

Die Albatros D V und D Va behielten die Flügel- und Heckkonstruktion der Albatros D III bei. Kurz nach Einführung der D V kam es durch eine Fehlkonstruktion der Tragflächen zu einer Serie von Abstürzen. Um den Flügeln mehr Stabilität zu verleihen, wurden schmale Streben und Tragflächenversteifungen montiert. Die Piloten wurden angewiesen, mit der D V nicht zu steil nach unten zu fliegen, trotzdem kam es immer wieder zu Abstürzen.

Fokker D VII

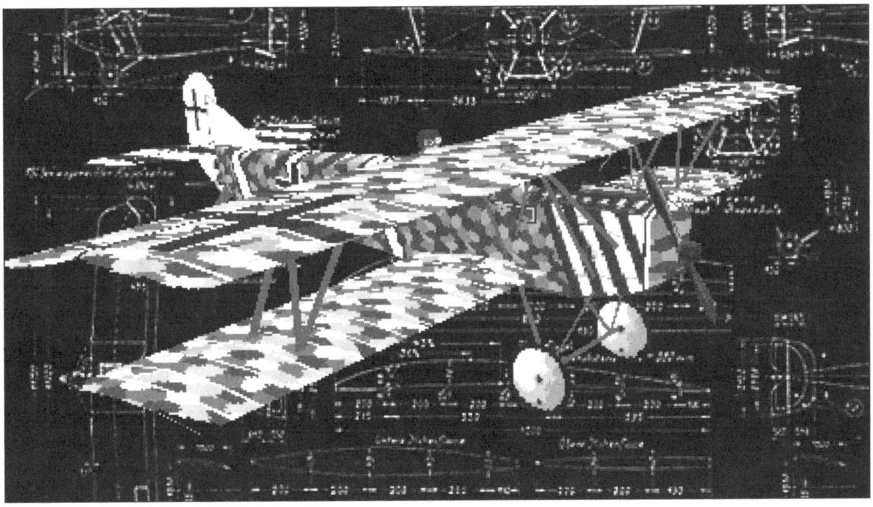

Hersteller: Fokker Flugzeug-Werke GmbH
Einführung: Mai 1918
Kategorie: Jagdflugzeug
Motor(en): Mercedes D.III 160 PS wassergekühlter 6-Zylinder-Reihenmotor / BMW IIIa 185 PS Reihenmotor
Tragflächenspannweite: 8,93 m
Länge: 7,00 m
Höhe: 2,81 m
Leergewicht: 693 kg
Gesamtgewicht: 873 kg
Höchstgeschwindigkeit: 190 km/h (Mercedes) / 124 km/h (BMW)
Flughöhe: 5500 m (Mercedes) / 6400 m (BMW)
Leistungsdauer: 1.5 h
Besatzung: 1
Bewaffnung: Zwei Spandau-Maschinengewehre 7.92 mm
Die Entwicklung der Fokker D VII wurde maßgeblich von Manfred von Richthofen beeinflußt. Obwohl er Probeflüge mit dieser Maschine absolvierte, hatte Richthofen nicht mehr die Gelegenheit, die Fokker D VII im Gefecht zu testen. Er wurde vor Einführung der D VII getötet. Obwohl die D VII nicht so manövrierfähig wie die Fokker Dr I war, galt diese Maschine doch als eines der besten deutschen Jagdflugzeuge im Krieg. Die Fokker D VII war nicht besonders schnell, dafür langlebig, einfach zu fliegen und jedem britischen und französischen Kampfflugzeug überlegen. Hermann Goering war einer der ersten Piloten, die die D VII im Gefecht flogen.

Fokker Dr I

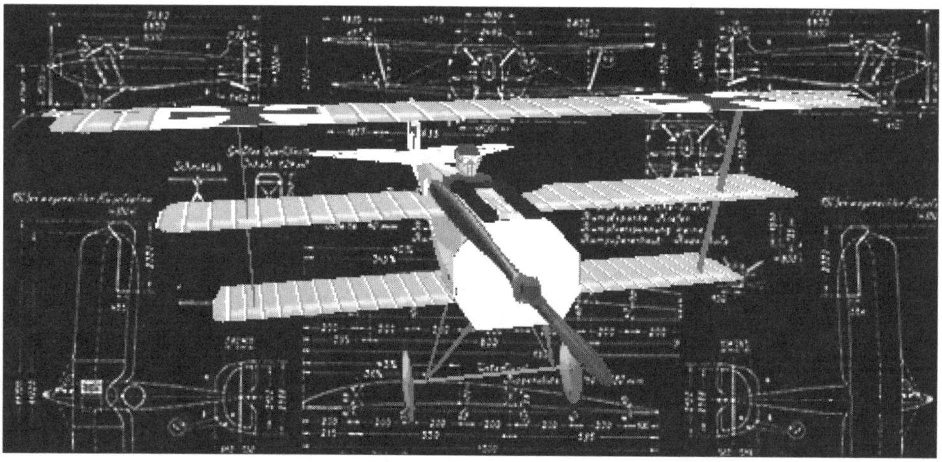

Hersteller: Fokker Flugzeug-Werke GmbH
Einführung: August 1917
Anzahl der gebauten Einheiten: 320
Kategorie: Jagdflugzeug
Motor(en): Oberusel U.R.II, 9-Zylinder 110 PS Kolbenmotor / Le Rhone, 9-Zylinder 110 PS Rotationsmotor (aus einer erbeuteten Maschine)
Tragflächenspannweite: 7,2 m
Länge: 5,77 m
Höhe: 2,95 m
Leergewicht: 402 kg
Gesamtgewicht: 580 kg
Höchstgeschwindigkeit: 166 km/h
Flughöhe: 6100
Leistungsdauer: 1.5 h
Besatzung: 1
Bewaffnung: Zwei leichte Spandau-Maschinengewehre 7.92 mm
Bei der Konstruktion der Fokker Dr I orientierte man sich am Vorbild des Sopwith Dreideckers. Im Gegensatz zu einem Doppeldecker war ein Dreidecker nicht so schnell, dennoch kompakter wie auch leichter gebaut und ließ sich außerdem besser steuern. Ein weiterer Vorteil war die gute Sicht nach oben und das Fehlen von Tragflächenversteifungen, die im Gefecht zerstört werden konnten. Diese ausgeklügelte Kombination machte sich besonders während intensiver Luftkämpfe positiv bemerkbar.

Als die Dr I zum Einsatz kam, wurde sie zunächst nicht ernstgenommen. Bis Werner Voss eindrucksvoll demonstrierte, über welche ausgezeichneten Fähigkeiten diese Maschine besonders im Kampfgefecht verfügte. Voss gelang es, innerhalb von 21 Tagen 22 britische Flugzeuge abzuschießen. Unglücklicherweise kam es durch Konstruktionsmängel der Tragflächen zu tödlichen Abstürzen, so daß die Maschine vorübergehend aus dem Verkehr gezogen wurde. Trotz Verbesserungen war das Image der Dr I bei den deutschen Piloten unwiderruflich ruiniert.

Pfalz D III

Hersteller: Pfalz Flugzeug-Werke
Einführung: Juli 1917
Anzahl der gebauten Einheiten: Ungefähr 600
Kategorie: Jagdflugzeug
Motor(en): Mercedes 160 PS
Tragflächenspannweite: 9,4 m
Länge: 6,96 m
Gesamtgewicht: 925 kg
Höchstgeschwindigkeit: 164 km/h
Flughöhe: 5200 m
Leistungsdauer: 2.5 h
Besatzung: 1
Bewaffnung: Zwei Spandau-Maschinengewehre 7.62mm

Die Pfalz D III stellte kein großartiges Kampfflugzeug dar, dennoch galt diese Maschine als robust und zuverlässig. Der Pilot konnte mit ihr einen sehr schnellen Sturzflug durchführen. Die

Maschine wurde oft für den Überfall auf Observationsballons eingesetzt. In der bayerischen Jagdstaffel flog die Pfalz D III vom Ende des Jahres 1917 bis zu den letzten Monaten des Krieges.

Albatros C III

Kategorie: Aufklärungsflugzeug, Bomber
Motor(en): Mercedes D.III 160 PS
Tragflächenspannweite: 11,71 m
Höchstgeschwindigkeit: 140 km/h
Flughöhe: 3400 m
Besatzung: 2
Bewaffnung: 90 kg Bombenladung
Die Albatross C.III galt als robust und zuverlässig und spielte als hervorragendes Aufklärungs- und Artillerieflugzeug eine große Rolle während der Kriegswirren. Das Flugzeug kann eine kleine Bombenladung mit sich führen und ist mit einem synchronisierten Spandau-Maschinengewehr auf der Vorderseite und mit einem Parabellum-MG auf der Rückseite bestückt.

Rumpler C IV

Kategorie: Aufklärungsflugzeug
Motor(en): Mayback Mb. IV 240 PS
Tragflächenspannweite: 12,55 m
Höchstgeschwindigkeit: 175 km/h
Flughöhe: 7300 m
Besatzung: 2
Bewaffnung: 1 Parabellum-Maschinengewehr

Die Rumpler C.IV war wahrscheinlich eines der besten Aufklärungsflugzeuge des gesamten Krieges. Da die Maschine für einen Zweisitzer ungewöhnlich schnell flog, konnte sie den meisten alliierten Fliegern entkommen. Durch die besondere Konstruktion des Motors konnte die Rumpler C.IV bis zu einer Höhe von über 7000 Metern steigen. Während des gesamten Krieges zollten die alliierten Piloten dieser Maschine großen Respekt.

Halberstadt CL II

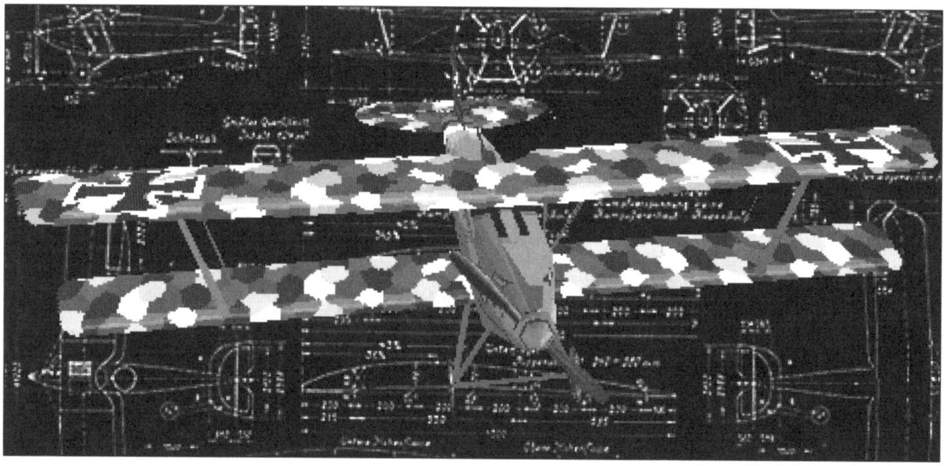

Kategorie: Eskortenflugzeug, Kampfflugzeug
Motor(en): Mercedes D.III 160 PS
Tragflächenspannweite: 10,77 m
Höchstgeschwindigkeit: 166 km/h
Flughöhe: 5100 m
Besatzung: 2
Bewaffnung: 1 Spandau-Maschinengewehr, 1 Parabellum-Maschinengewehr

Die Halberstadt CL.II war als zweisitziges Infanterie-Angriffs-Flugzeug konstruiert. Die SCHLASTA-Staffeln waren während der Kriegsjahre 1917 und 1918 mit diesem Typ ausgerüstet. Die Maschine war schnell und widerstandsfähig und erwies sich als ernstzunehmender Gegner.

Alliierte Flugzeuge

Bristol Jagdflugzeug

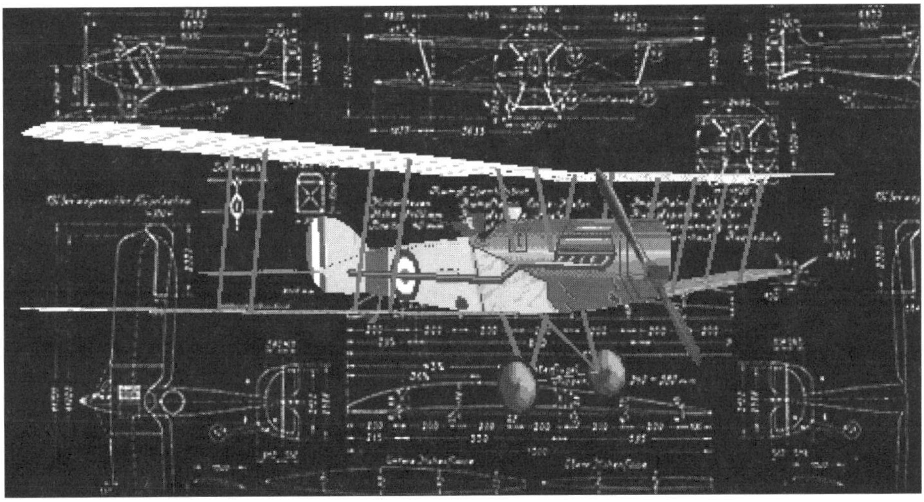

Hersteller: Bristol and Colonial Aeroplane Company
Einführung: 1917
Anzahl der gebauten Einheiten: 5.308
Kategorie: Jagdflugzeug, Bomber, Aufklärungsflugzeug
Motor(en): Rolls-Royce Falcon III 281 PS (205 kW), wassergekühlt
Tragflächenspannweite: 11,96 m
Lange: 7,87 m
Höhe: 2,97 m
Leergewicht: 975 kg
Gesamtgewicht: 1.474 kg
Höchstgeschwindigkeit: 198 km/h
Flughöhe: 5.490 m
Besatzung: 2
Bewaffnung: Zwei oder drei Maschinengewehre

Der vielseitige Bristol-Jäger, auch »Brisfit« genannt, war ein wendiger, stark bewaffneter Zweisitzer. Er wurde mit bis zu drei MGs bestückt und konnte sich sogar gegen die besten deutschen Jagdflieger behaupten. Der Pilot mit den meisten Abschüssen in dieser Maschine war der kanadische Flugzeugführer Andrew McKeever, der 31 Siege errang.

Nieuport 11

Hersteller: Société Anonyme des Etablissements Nieuport
Einführung: Juli 1915
Kategorie: Jagdflugzeug
Motor(en): Gnome 80 PS Rotationsmotor / Le Rhone 9c 80 PS luftgekühlter 9-Zylinder
Tragflächenspannweite: 7,54 m
Länge: 5,80 m
Höhe: 2,45 m
Gesamtgewicht: 477 kg
Höchstgeschwindigkeit: 156 km/h
Flughöhe: 4600 m
Leistungsdauer: 2.5 h
Besatzung: 1
Bewaffnung: 1 Lewis-Maschinengewehr, auf der oberen Tragfläche installiert.

Die kleine Nieuport 11 wurde unter dem liebevollen Kosenamen »Baby« bekannt. Ursprünglich war diese Maschine für Wettkämpfe gedacht und daher leicht, schnell und extrem wendig. Das einzige Problem der Nieuport war der Aufbau der Verstrebungen. Während eines Sturzfluges konnten sich die Tragflächen verzerren – mit verhängnisvollen Folgen. Sowohl die britischen als auch die französischen Luftstreitkräfte besaßen mit der Nieuport 11 ein Gegenstück zur Fokker E III. Ein großer Nachteil war das Fehlen eines synchronisierten Maschinengewehres.

Nieuport 17

Hersteller: Société Anonyme des Etablissements Nieuport
Einführung: 2. April 1916
Kategorie: Jagdflugzeug
Motor(en): Le Rhone 9J 110 PS 9-Zylinder-Rotationsmotor
Tragflächenspannweite: 8,20 m
Länge: 5,74 m
Höhe: 2,39 m
Leergewicht: 372 kg
Gesamtgewicht: 561 kg
Höchstgeschwindigkeit: 177 km/h
Flughöhe: 5300 m
Leistungsdauer: 1.8 h
Besatzung: 1
Bewaffnung: Ein Lewis- und/oder ein Vickers-.303-Maschinengewehr

Viele französische und britische Flugasse starteten ihre Karrieren in einer Nieuport 17. Das extrem wendige »Superbaby« war eine größere, weiterentwickelte Version der Nieuport 11. Wie der Vorgänger war die Maschine anfangs mit einem Lewis-MG ausgerüstet. Diese Waffe wurde später durch ein synchronisiertes Vickers-Maschinengewehr ersetzt. Die Nieuport 17 war der Fokker EIII in der Steigfähigkeit und Leistungsstärke überlegen und beendete die deutsche Überlegenheit im Luftkrieg. Die Konstruktion dieser Maschine war so erfolgreich, daß vom deutschen Oberkommando der Befehl erging, die Nieuport zu kopieren.

Der Engländer Philip Fullard, ein Top-Ass, erzielte mit einer Nieuport 17, Nieuport 23 und einer Nieuport 27 die meisten Abschüsse – insgesamt 40 an der Zahl.

Nieuport 28

Hersteller: Société Anonyme des Etablissements Nieuport
Einführung: 1917
Kategorie: Jagdflugzeug
Motor(en): Gnome Monosoupape 9N 160 PS luftgekühlter 9-Zylinder-Rotationsmotor
Tragflächenspannweite: 8,15 m
Länge: 6,17 m
Höhe: 2,44 m
Leergewicht: 563 kg
Gesamtgewicht: 693 kg
Höchstgeschwindigkeit: 198 km/h
Flughöhe: 6100 m
Leistungsdauer: 1.5 h
Besatzung: 1
Bewaffnung: 2 Vickers-.303-Maschinengewehre

Die Nieuport 28 war das erste Jagdflugzeug, das den neu hinzugekommenen amerikanischen Verbündeten zur Verfügung gestellt wurde. Die Maschine war schnell und agil, allerdings konnte sich bei schnellen Sturzflügen die Bespannung der oberen Tragfläche ablösen. Die Nieuport 28 wurde durch die weniger wendigere, dafür zuverlässigere Spad S.13 ersetzt.

RAF S.E. 5a

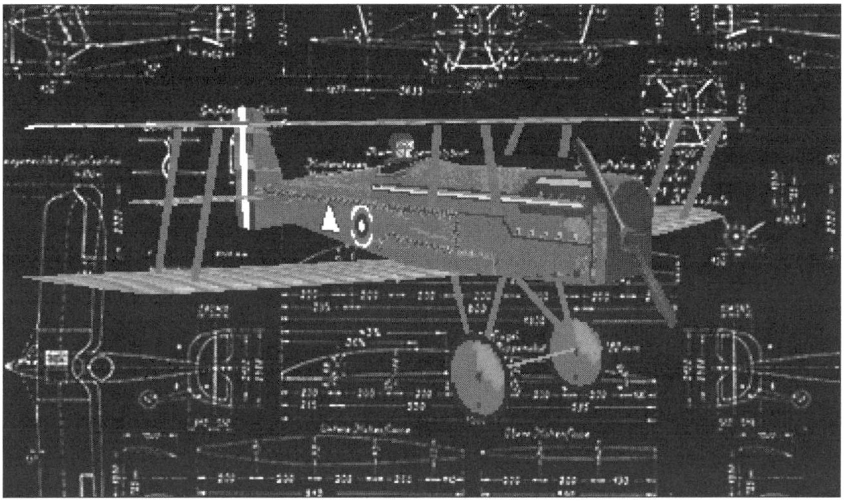

Hersteller: Royal Aircraft Factory
Einführung: 15. Juni 1917
Anzahl der gebauten Einheiten: 5.205 (S.E.5 und S.E.5a)
Kategorie: Jagdflugzeug
Motor(en): Hispano-Suiza 200 PS wassergekühlt (herstellungsbedingte Probleme)
Tragflächenspannweite: 7,94 m
Länge: 6,38 m
Höhe: 2,90 m
Leergewicht: 630 kg
Gesamtgewicht: 922 kg
Höchstgeschwindigkeit: 214 km/h
Flughöhe: 6000 m
Leistungsdauer: 2.3 h
Besatzung: 1
Bewaffnung: 1 Vickers-.303-Maschinengewehr (Backbordseite Rumpf)/ 1 Lewis-.303-Maschinengewehr (über der oberen Tragfläche)

Nicht lange nach der Entwicklung der S.E.5 stellte die RAF die verbesserte S.E.5a in den Dienst. Sie strotzte vor Kraft und ließ sich schnell und einfach fliegen. Als die Maschine am Kriegsgeschehen teilnahm, war sie sämtlichen deutschen Gegnern haushoch überlegen. Obwohl Albert Ball die Maschine verachtete, erlangte sie in den Händen von William Bishop und Edward Mannock einen erstklassigen Ruf als furchteinflößendes Jagdflugzeug. Die höchste Abschußquote in dieser Maschine erzielte der Pilot Anthony Beauchamp Proctor mit insgesamt 54 Treffern.

Sopwith Camel

Hersteller: Sopwith Aviation Company
Einführung: 1916
Anzahl der gebauten Einheiten: 5.490
Kategorie: Jagdflugzeug
Motor(en): Le Rhone 110 PS Rotations-Kolbenmotor
Tragflächenspannweite: 8,53 m
Länge: 5,69 m
Leergewicht: 400 kg
Gesamtgewicht: 640 kg
Höchstgeschwindigkeit: 190 km/h
Flughöhe: 5800 m
Leistungsdauer: 2.5 h
Besatzung: 1
Bewaffnung: 2 Vickers-.303-Maschinengewehre (F.1) oder 1 Vickers-.303 und 1 Lewis-.303-Maschinengewehr oder 2 Lewis-.303-Maschinengewehre (2F.1)
Die Sopwith Camel war ein dynamischer, sehr wendiger Doppeldecker und erzielte mehr Luftsiege als alle anderen alliierten Maschinen. Wegen der zwei Buckel über ihren doppelten Maschinengewehren wurde das Flugzeug auch liebevoll »Camel« genannt. Wie ein echtes Kamel

konnte sich das Flugzeug schnell umdrehen und den Gegner »beißen«. Die Maschine war wegen ihrer extremen Wendigkeit gefürchtet, und viele unerfahrene Piloten wurden ein Opfer der Camel-Piloten.

Den ersten Sieg in einer Sopwith Camel spricht man Alexander Shook, einem Kanadier, zu. Dieser schoß am 4. Juni 1917 eine Albatros D III ab. Roy Brown flog in einer Camel, als er Manfred von Richthofen, den legendären »Roten Baron«, vom Himmel holte. Der Pilot mit den meisten Abschüssen in diesem Flugzeug hieß Donald MacLaren, war ein Kanadier und gehörte mit 54 Siegen zu den besten Piloten des Ersten Weltkrieges.

Sopwith Pup

Hersteller: Sopwith Aviation Company
Einführung: Oktober 1916
Kategorie: Jagdflugzeug
Motor(en): Le Rhone 9C 80 PS luftgekühlter 9-Zylinder-Rotationsmotor / Gnome Monosoupape 100 PS luftgekühlter Rotationsmotor
Tragflächenspannweite: 8,08 m
Länge: 5,87 m
Höhe: 2,87 m
Leergewicht: 385 kg
Gesamtgewicht: 521 kg

Höchstgeschwindigkeit: 171 km/h
Flughöhe: 5600 m
Leistungsdauer: 3 h
Besatzung: 1
Bewaffnung: 1 Vickers-.303-Maschinengewehr

Die Sopwith Pup mauserte sich schnell zum Favoriten der RAF-Piloten. Die Maschine war der Fokker D III überlegen und konnte auch die neue Halberstadt und Albatros in ihre Schranken weisen. Mit einem einzigen, synchronisierten Maschinengewehr ausgestattet, war das Flugzeug leichter und weniger gefährlich als sein Nachfolger Sopwith Camel. Obwohl die Sopwith Pup nur ein Maschinengewehr besaß, war sie wegen ihrer Wendigkeit und Schnelligkeit bei den Flugzeugführern sehr beliebt. Sie konnte besser als jede andere Maschine nach oben fliegen und die Flughöhe halten. Die Sopwith Pup war die erste Maschine, die im August 1917 auf einem Flugzeugträger landete (dabei handelte es sich um den Flugzeugträger Royal Navy H.M.S. Furious).

Sopwith Snipe

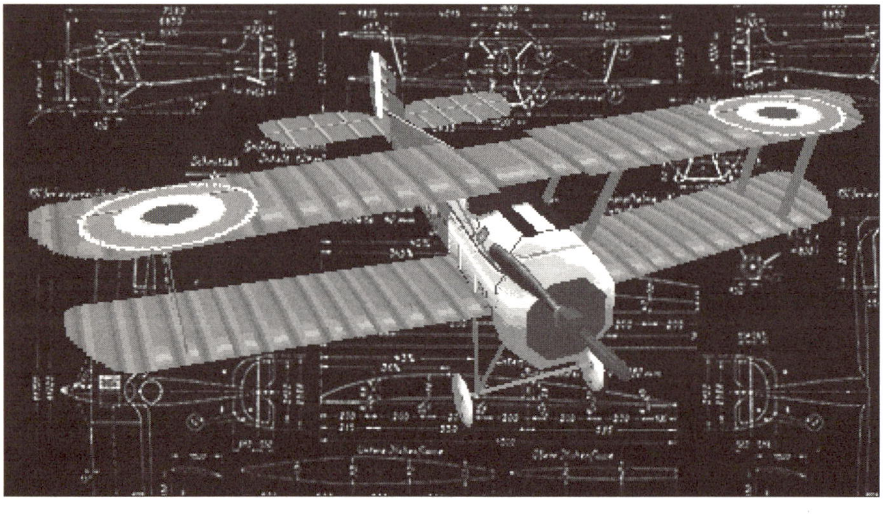

Hersteller: Sopwith Aviation Company
Einführung: 1918
Anzahl der gebauten Einheiten: 497
Kategorie: Jagdflugzeug
Motor(en): Bentley B.R. 2 230 PS
Tragflächenspannweite: 9,47 m
Länge: 6,05 m
Leergewicht: 590 kg

Gesamtgewicht: 909 kg
Höchstgeschwindigkeit: 195 km/h
Flughöhe: 6000 m
Leistungsdauer: 3 h
Besatzung: 1
Bewaffnung: 2 Maschinengewehre
Als Nachfolger der Sopwith Camel war die Snipe mit einem leistungsfähigeren Motor bestückt und bot eine bessere Sicht aus der Kanzel. Obwohl das Flugzeug nicht wesentlich schneller flog als der Vorgänger, bot die Snipe eine überlegene Steigfähigkeit, und die Piloten waren der Meinung, daß die Maschine auch leichter zu beherrschen war.

Die Sopwith Snipe wurde am 27. Oktober 1918 auf einen Schlag berühmt. William Barker kämpfte an diesem Tag als einziger Pilot gegen 60 feindliche Flugzeuge und bekam für diese außerordentliche Leistung das »Victorian Cross« verliehen. Die höchste Abschußquote in dieser Maschine erreichte der Australier Elwyn King mit sieben Siegen.

Sopwith Strutter

Hersteller: Sopwith Aviation Company
Einführung: 1916
Anzahl der gebauten Einheiten: ca. 6.000
Kategorie: Ursprünglich ein Jagdflugzeug, später auch als Aufklärer und Bomber verwendet
Motor(en): Clerget 130 PS
Tragflächenspannweite: 10,06 m
Länge: 7,62 m

Höhe: 3,05
Gesamtgewicht: 968 kg
Höchstgeschwindigkeit: 169 km/h
Flughöhe: 4600 m
Leistungsdauer: 3 h
Besatzung: 1-2
Bewaffnung: Zwei 7.7mm-Maschinengewehre, 8 Bomben
Die Sopwith Strutter war die erste britische Maschine mit einem nach vorne gerichteten, synchronisierten Maschinengewehr. Sie wurde sowohl als Einmann-Flugzeug als auch als Zweisitzer gebaut. Kurz nach seiner Einführung wurde der Flieger von der Sopwith Pup ersetzt. Die höchste Abschußquote in diesem Flugzeug gelang dem Engländer Geoffrey H. Cock mit 13 Volltreffern.

Sopwith Triplane

Hersteller: Sopwith Aviation Company
Einführung: November 1916
Anzahl der gebauten Einheiten: 152
Kategorie: Jagdflugzeug
Motor(en): Clerget 9Z 110 PS luftgekühlter 9-Zylinder-Rotationsmotor, Clerget 9B 130 PS Rotationsmotor, Le Rhone 110 PS 9-Zylinder
Tragflächenspannweite: 8,08 m

Länge: 5,94 m
Höhe: 3,20 m
Leergewicht: 495 kg
Gesamtgewicht: 637 kg
Höchstgeschwindigkeit: 187 km/h
Flughöhe: 8800 m
Leistungsdauer: 2 h
Besatzung: 1
Bewaffnung: 1 synchronisiertes Vicker-.303 Maschinengewehr
Die Sopwith Triplane kam beim Royal Naval Air Service zum Einsatz. Durch die dreilagige Konstruktion konnte bei gleichzeitiger Reduzierung der Tragflächenspannweite die Oberfläche der Flügel vergrößert werden. Dadurch erzielte man ein souveräneres Handling sowie eine bessere Steigfähigkeit gegenüber einem Doppeldecker. Die Außensicht war hervorragend, dennoch war die Sopwith Triplane langsamer und weniger stark bewaffnet als die deutschen Gegner.

Die Deutschen waren dennoch von der Leistung der Maschine beeindruckt. Ein erbeutetes Flugzeug war die Initialzündung zum Bau der Fokker Dr I. Danach wurde die Sopwith Camel außer Dienst gestellt und durch die Sopwith Camel substituiert.

Der »Black Flight« unter der Führung von Raymond Collishaw besiegte mit einem Sopwith-Triplane-Geschwader innerhalb von nur drei Monaten 87 deutsche Jagdflugzeuge. Der Kanadier Collishaw ist mit 33 Siegen der Pilot mit der höchsten Abschußquote in diesem Flugzeugtyp.

Spad S VII

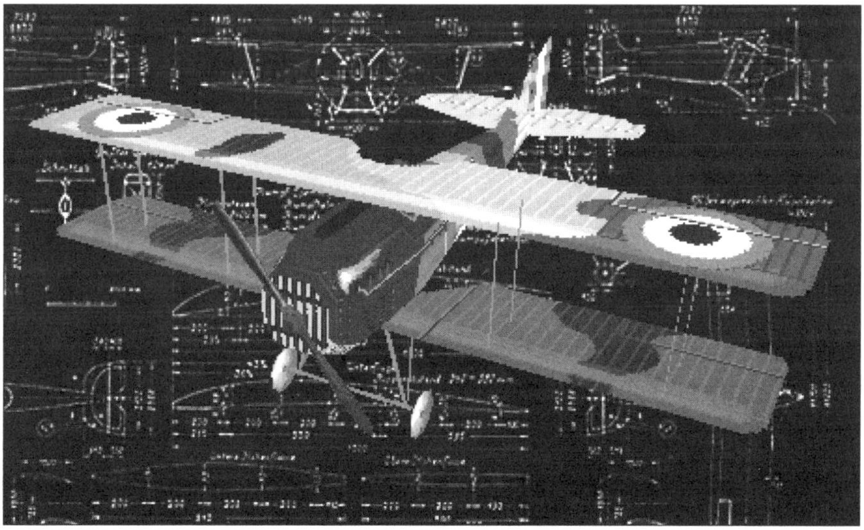

Hersteller: Société Anonyme pour l' Aviation et ses Derivés
Einführung: 1. Oktober 1916
Anzahl der gebauten Einheiten: 3.825
Kategorie: Jagdflugzeug
Motor(en): Hispano-Suiza 8A 180 PS V-8
Tragflächenspannweite: 7,8 m
Länge: 6,15 m
Höhe: 2,3 m
Leergewicht: 496 kg
Gesamtgewicht: 699 kg
Höchstgeschwindigkeit: 201 km/h
Flughöhe: 5300 m
Leistungsdauer: 2,3 h
Besatzung: 1
Bewaffnung: 1 Vickers-.303-Maschinengewehr

Die französische Luftwaffe tauschte die Nieuport 17 gegen die Spad S.7 aus. Wenngleich das Flugzeug nur eine miserable Aussicht nach vorne sowie nach unten bot, war die Spad S VII dennoch schnell, langlebig und sehr schwer zu treffen. Die Maschine glich einem Artisten und wurde deshalb von nahezu allen französischen Top-Assen gerne geflogen. In den Händen der britischen Piloten erwies sich die Maschine als weniger erfolgsgekrönt. Das ist wahrscheinlich auf die von den Piloten des Royal Flying Corps entwickelten Luftgefechts-Taktiken zurückzuführen.

Das irische Top-Ass William Cochran-Patrick erzielte mit einer Spad S.7 und Spad S. 13 achtzehn Abschüsse.

Spad S XIII

Hersteller: Société Anonyme pour l' Aviation et ses Derivés
Einführung: 1. Juni 1917
Anzahl der gebauten Einheiten: 8.472
Kategorie: Jagdflugzeug
Motor(en): Hispano-Suiza 8 Bec 220 PS wassergekühlter 8-Zylinder
Tragflächenspannweite: 8,20 m
Länge: 6,3 m
Höhe: 2,41 m
Gesamtgewicht: 810 kg
Höchstgeschwindigkeit: 222 km/h auf einer Höhe von 2.000 m
Flughöhe: 6650 m
Leistungsdauer: 2 h
Besatzung: 1
Bewaffnung: 2 Vickers-.303-Maschinengewehre

Die Spad S.13 war von der Form her der kleineren Spad S.12 nachempfunden und mit zwei MGs und einem größeren Motor bestückt. Die schnelle Maschine wurde in großen Stückzahlen gebaut und war enorm schwer zu beherrschen.

Viele großartige Flieger-Asse flogen die Spad S.13, unter ihnen Piloten wie Georges Guynemer und Eddie Rickenbacker. Die meisten Abschüsse in einer Spad S.7 und einer Spad S.13 erzielte der Ire William Cochran-Patrick. Er konnte 18 Abschüsse verbuchen.

Airco D.H.2

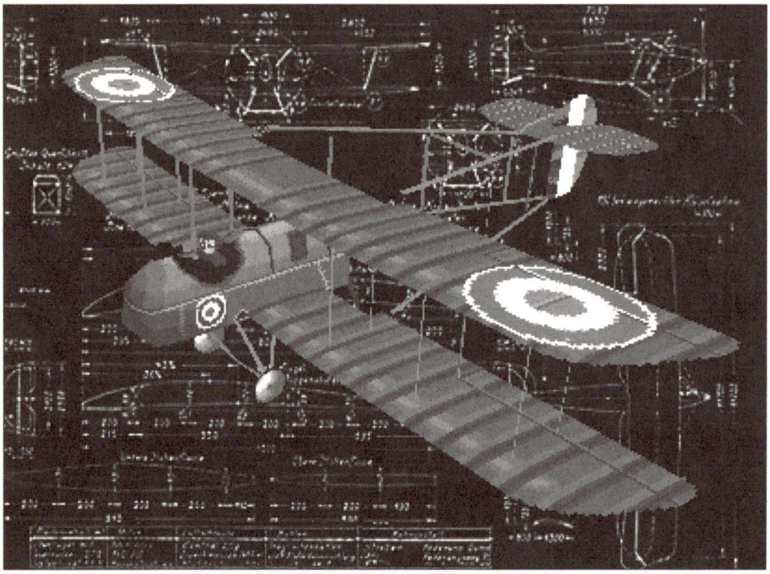

Hersteller: Airco
Einführung: 1916
Motor(en): Gnome Monosoupape 100 PS in Pusher-Bauweise
Tragflächenspannweite: 8,61 m
Gesamtgewicht: 648 kg
Höchstgeschwindigkeit: 150 km/h
Flughöhe: 4250 m
Leistungsdauer: 3 h
Bewaffnung: 1 Maschinengewehr
Mit der Airco D.H.2 war 1916 endlich ein Mittel gegen die »Fokker-Plage« gefunden. Die Maschine wurde aber nur kurze Zeit später durch schnellere und wendigere Flugzeuge ersetzt.

RAF F.E.2b

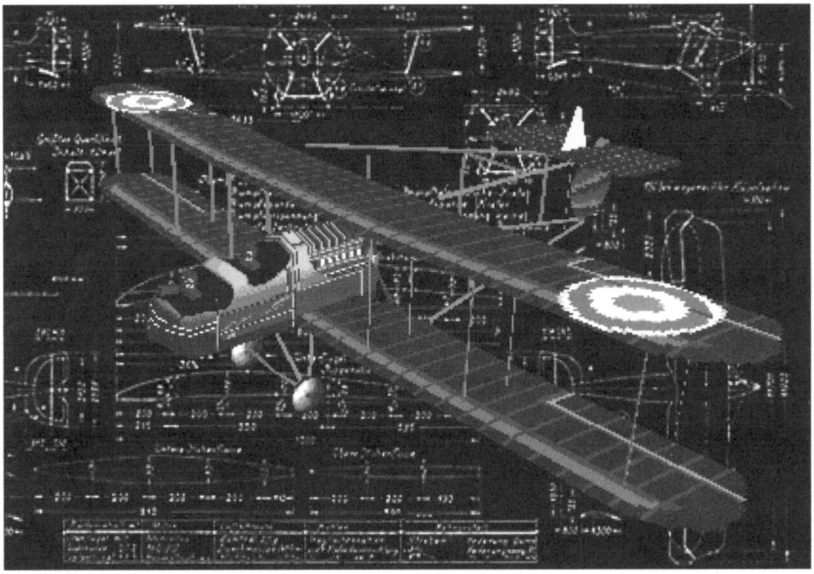

Hersteller: Royal Aircraft Factory
Einführung: 1915
Kategorie: Jagdflugzeug, Aufklärer
Motor(en): Beardmore 160 PS wassergekühlt
Tragflächenspannweite: 14,55 m
Gesamtgewicht: 580 kg
Höchstgeschwindigkeit: 146 km/h
Flughöhe: 3350 m
Leistungsdauer: 2.5 h
Bewaffnung: 2 Maschinengewehre

Die F.E.2-Fabrikationsreihe aus der Royal Aircraft Factory wurde als zweisitziges Allzweckflugzeug ausgeliefert und diente sowohl als Jagdflugzeug als auch als Aufklärer und Bomber. Die Maschine war zwar langsam, jedoch durch die effektive Bewaffnung mit zwei Lewis-MGs bestens gegen feindliche Angriffe gewappnet. Die Ingenieure spendierten dem Flugzeug einen nach hinten gerichteten Propeller im Pusher-Prinzip, um so das Problem des rotierenden Propellers vor den Gewehrmündungen zu umgehen.

Airco D.H.4

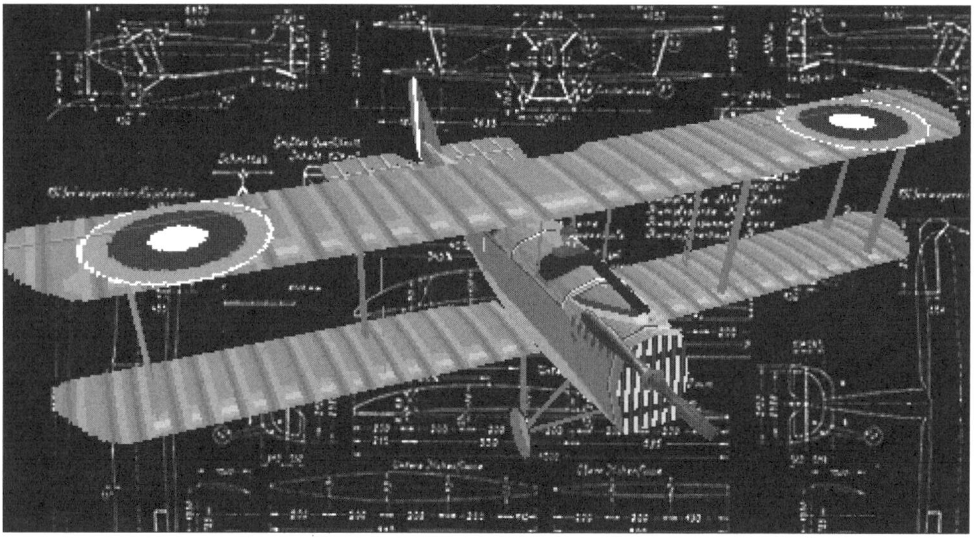

Hersteller: Airco
Einführung: 1917
Kategorie: Leichter Bomber (Einsatz nur bei Tageslicht)
Motor(en): Rolls-Royce Eagle VIII 375 PS 12-Zylinder wassergekühlt
Tragflächenspannweite: 12,9 m
Gesamtgewicht: 1684 kg
Höchstgeschwindigkeit: 230 km/h
Flughöhe: 7150 m
Leistungsdauer: 7 h
Bewaffnung: Bis zu 4 MGs, 207 kg Bombentraglast

Die DH-4 war schnell und konnte durch ihre robuste Bauweise über 400 Pfund Bombenlast transportieren. Um sich effektiv gegen feindliche Angriffe erwehren zu können, war der Bomber mit ein bis zwei starren, nach vorne gerichteten Vickers-Maschinengewehren und ebensovielen frei schwenkbaren Lewis-MGs im hinteren Cockpit ausgestattet.

De Havilland zeichnete als Konstrukteur dieses Bombers, der nur bei Tageslicht flog, verantwortlich. Die Maschine war bis zum Jahre 1932 im Einsatz.

Breguet Bre. 14 B2

Hersteller: Breguet
Einführung: 1917
Kategorie: Schneller Bomber (Einsatz nur bei Tageslicht), Aufklärer
Motor(en): Renault Fox 300 PS wassergekühlter 12-Zylinder
Tragflächenspannweite: 14,35
Gesamtgewicht: 1751 kg
Höchstgeschwindigkeit: 177 km/h
Flughöhe: 5800 m
Leistungsdauer: 3 h
Besatzung: 2
Bewaffnung: 2-3 Maschinengewehre, 300 kg Bombentraglast

Die Breguet 14 war ein starker Bomber, der sowohl von den Franzosen als auch von den Amerikanern verwendet wurde. Durch die Bewaffnung mit drei Maschinengewehren und einer Bombentraglast von knapp 300 Kilogramm war die Breguet 14 einer der besten einmotorigen Bomber des Krieges. Die Maschine wurde bis zum Jahre 1926 gebaut.

Morane Bullet

Kategorie: Jagdflugzeug
Motor(en): Le Rhone 9c 80 PS Rotationsmotor
Tragflächenspannweite: 8,15 m
Höchstgeschwindigkeit: 143 km/h
Flughöhe: 4000 m
Besatzung: 1
Bewaffnung: 1 Hotchkiss- oder Lewis-.303-Maschinengewehr

Eigentlich wurde die Morane-Saulnier »Bullet« vor Kriegsbeginn als Wettkampfflugzeug konzipiert. Dennoch wurde sie mit aller Gewalt Anfang 1915 als Jagdflugzeug in Betrieb genommen. Sie wurde sowohl von den Franzosen als auch von den Briten bis Anfang 1916 geflogen. Für damalige Verhältnisse war die Maschine recht schnell, aber schwierig zu fliegen und nicht besonders dynamisch.

Nieuport 24

Hersteller: Société Anonyme des Etablissements Nieuport
Kategorie: Jagdflugzeug
Motor(en): Le Rhone 9J 110 PS Rotationsmotor
Tragflächenspannweite: 8,23 m
Höchstgeschwindigkeit: 175 km/h
Flughöhe: 5300 m
Besatzung: 1
Bewaffnung: 1 Lewis- oder Vickers-.303-Maschinengewehr

Die Nieuport 24 stellte im Vergleich zu den Vorgängern der Serie keine wesentliche Verbesserung dar. Einige französische Top-Asse zogen die Wendigkeit einer Nieuport 24 gegenüber der Stabilität einer Spad VII oder XIII vor. Anfang 1918 musterten die Luftstreitkräfte die Maschine aus.

Salmson 2A2

Kategorie: Aufklärer
Motor(en): Salmson Canton-Unne 260 PS
Tragflächenspannweite: 11,79 m
Höchstgeschwindigkeit: 185 km/h
Flughöhe: 6250 m
Besatzung: 2
Bewaffnung: Ein Vickers-MG, zwei Lewis-Maschinengewehre

Die zweisitzige Salmson 2A.2 vereinigte Geschwindigkeit mit guter Manövrierfähigkeit und konnte große Beschädigungen wegstecken. Der Doppeldecker war mit drei MGs ausstaffiert und gehörte somit zu den am stärksten bewaffneten alliierten Flugzeugen im Krieg.

RAF B.E.2

Hersteller: Royal Aircraft Factory
Kategorie: Aufklärer
Motor(en): RAF1a 90 PS
Tragflächenspannweite: 11,28 m
Höchstgeschwindigkeit: 116 km/h
Flughöhe: 3000 m
Besatzung: 2
Bewaffnung: keine (Handfeuerwaffen der Piloten)

Das B.E.2-Doppeldecker-Aufklärungsflugzeug der Royal Aircraft Factory war langsam, plump und schrecklich empfindlich. Trotz dieser Mankos war diese Maschine während des gesamten Kriegs bei den RFC-Geschwadern stationiert.

RAF R.E.8

Hersteller: Royal Aircraft Factory
Kategorie: Aufklärer
Motor(en): RAF4a 150 PS
Tragflächenspannweite: 12,98 m
Höchstgeschwindigkeit: 164 km/h
Flughöhe: 4100 m
Besatzung: 2
Bewaffnung: Ein Vickers- oder Lewis-Maschinengewehr

Obwohl es sich bei der R.E.8 um ein minderwertiges Flugzeug handelte, kam dieser Typ vom Sommer 1917 bis zum Ende des Krieges bei den Geschwadern der RFC zum Einsatz. Die R.E.8 neigte dazu, Feuer zu fangen, und war bei den Piloten aus verständlichen Gründen äußerst unbeliebt. Die Maschine mit dem Spitznamen »Harry Tate« war langsam, konnte leicht angegriffen werden und galt als unzuverlässig.

Handley-Page 0/400

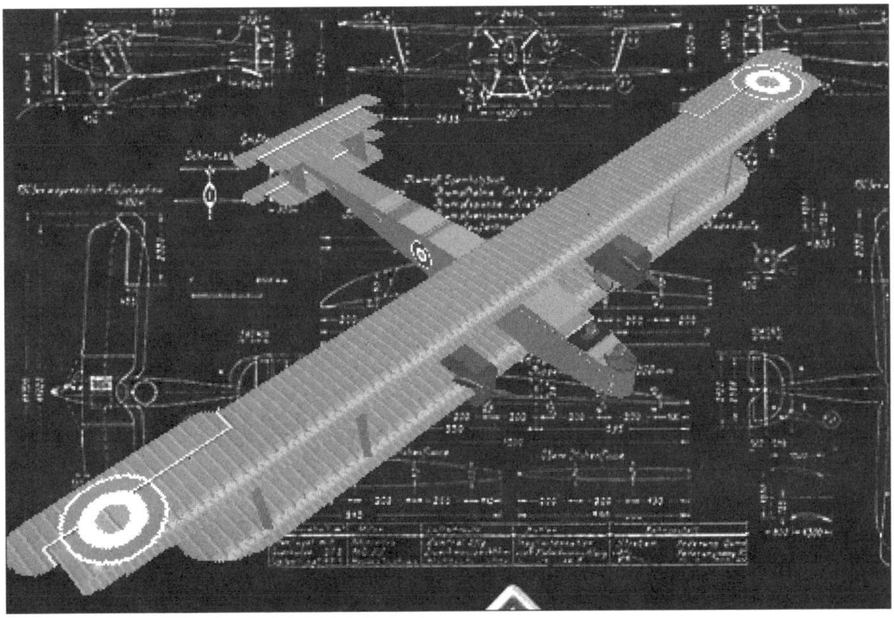

Kategorie: Bomber (für Nachteinsatz tauglich)
Motor(en): Rolls-Royce Eagle VIII 360 PS wassergekühlt
Tragflächenspannweite: 30,66 m
Länge: 19,16 m
Höchstgeschwindigkeit: 158 km/h
Flughöhe: 2600 m
Leistungsdauer: 8.5 h
Besatzung: 4
Bewaffnung: 5 Lewis-.303-Maschinengewehre, 1.500 kg Bombentraglast

Der schwere Handley Page 0/400-Bomber konnte 1,5 Tonnen Bombenlast über eine Strecke von über 400 Meilen transportieren. Die Alliierten verfügten mit dieser Maschine über den besten Langstreckenbomber des gesamten Krieges. Die Handley Page 0/400 war außerdem sehr stark bewaffnet – sie konnte fünf frei bewegliche Lewis-MGs mit sich führen.

Bodeneinheiten

Güterwaggon

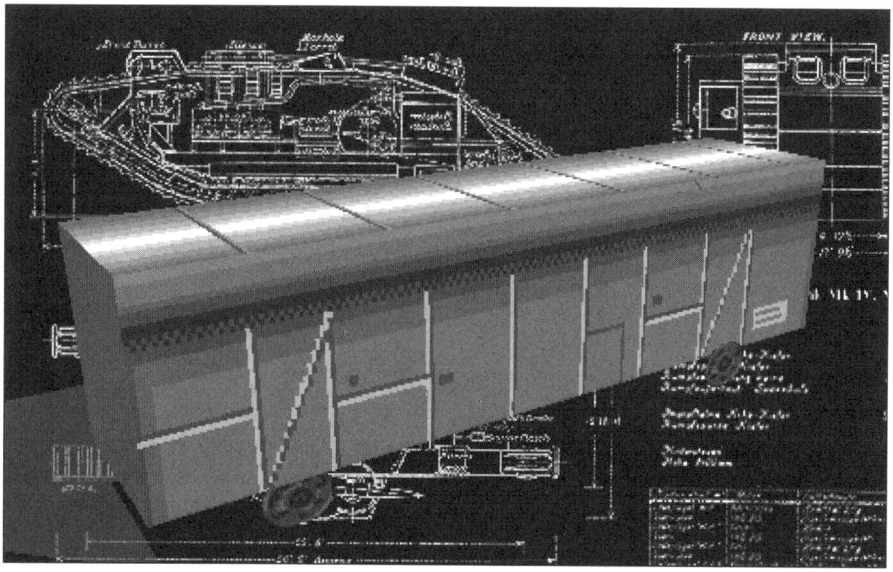

Wenn Sie einen Zug attackieren, konzentrieren Sie das Feuer auf diese Güterwaggons.

Alliierter Lastkraftwagen

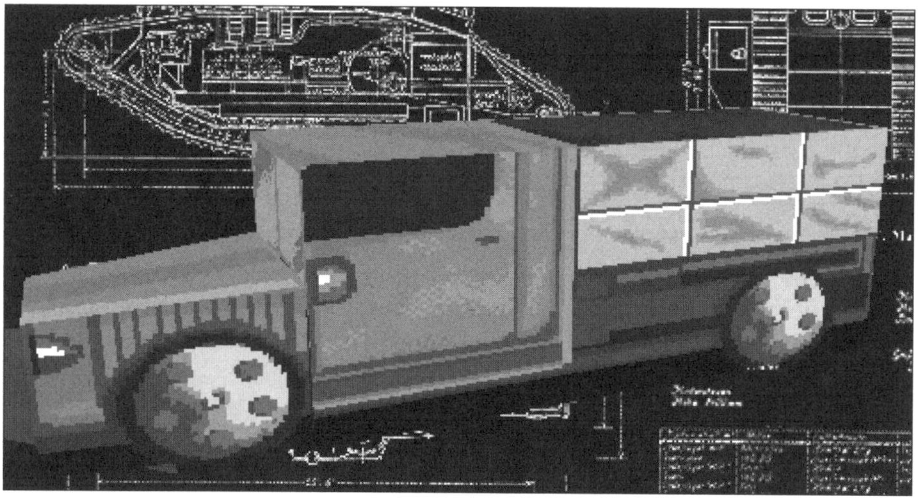

Diese Transportfahrzeuge sind meist hinter den gegnerischen Linien zu finden. Da sie die Truppen mit Nachschub versorgen, genießen sie höchste Abschuß-Priorität.

Deutscher Lastkraftwagen

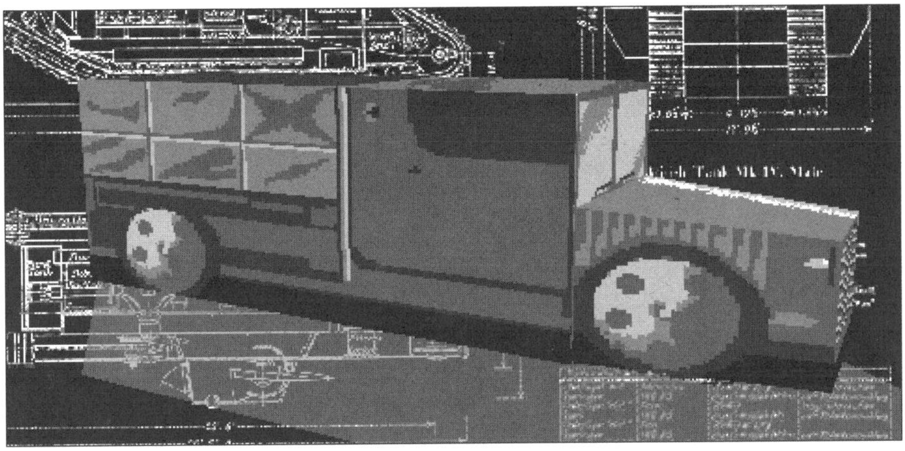

Wie ihre alliierten Pendants, halten sich auch diese LKW meist hinter den gegnerischen Linien auf. Auch Sie bringen Nachschub an die Front – deshalb unbedingt vernichten!

Stabsfahrzeug

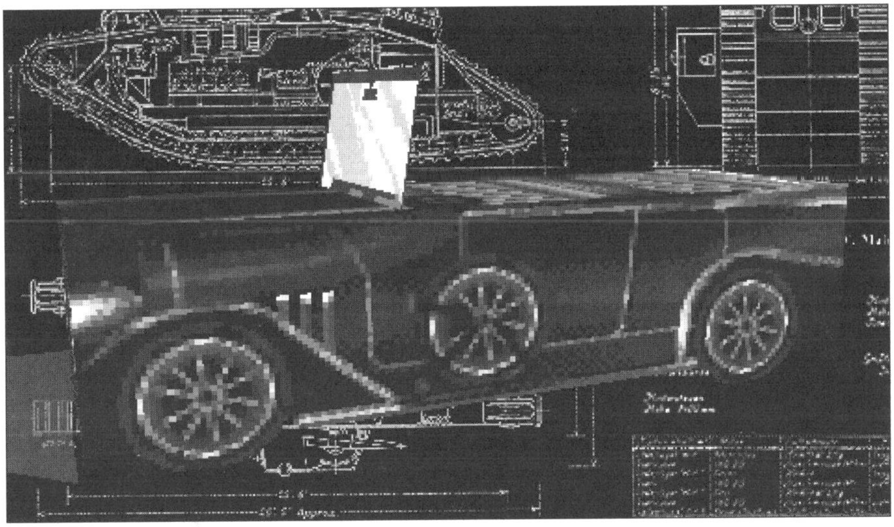

Stabsfahrzeuge halten sich weit hinter den Frontlinien auf befestigten Straßen auf. Da sie meist von hochrangigen Offizieren in Anspruch genommen werden, sollten Sie nicht zögern, ein paar Salven darauf abzufeuern.

Ambulanzfahrzeuge

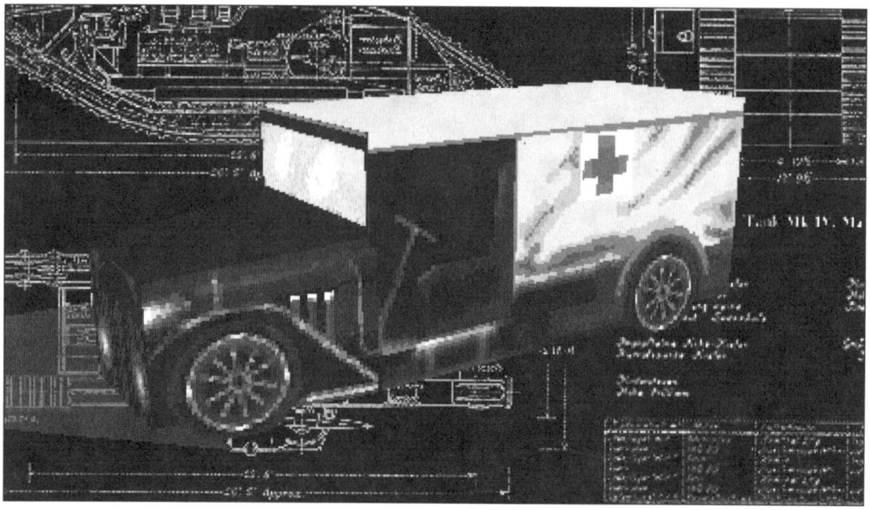

Ambulanzfahrzeuge transportieren Verletzte von der Front in Feldlazarette oder Krankenhäuser. Greifen Sie unter keinen Umständen eines dieser Fahrzeuge an!

Zweirichtungs-Lokomotive

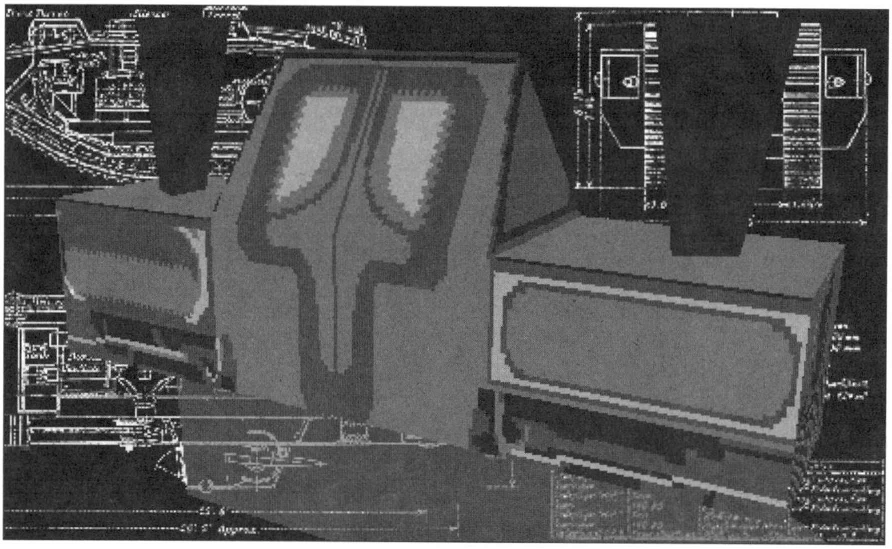

Diese Art von Lokomotive ist hauptsächlich in Zugdepots zu finden, wo sie zumeist Rangierarbeiten erledigt. In besonderen Fällen wird sie auch als Transporter für wertvolles Frachtgut verwendet. Wenn Sie ein solches schwer gepanzertes Vehikel zerstören wollen, sollten Sie besser in einem Bomber unterwegs sein.

Lokomotive

Bei dieser Schuhschachtel mit Texturen handelt es sich – man glaubt es kaum – um eine Lokomotive (kann durch Bomben- und MG-Beschuß zerstört werden).

Luftabwehr-Trägerfahrzeug

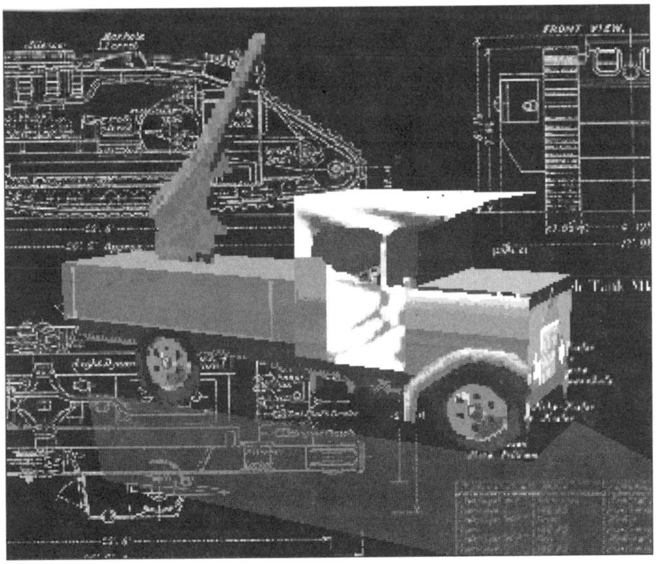

Das ist nicht etwa ein Abschleppwagen, sondern ein fahrbares Flugabwehrgeschütz. Für niedrig fliegende Maschinen stellt es eine ernsthafte Bedrohung dar.

Schwerer alliierter Panzer

Diese schwer gepanzerten Fahrzeuge können fliegenden Zielen in der Regel nicht gefährlich werden. Panzer lassen sich am besten mit Bomben knacken.

Schwerer deutscher Panzer

Hier gilt das gleiche wie beim alliierten Panzerfahrzeug: Keine Angst und Bombe ab!

Leichter alliierter Panzer

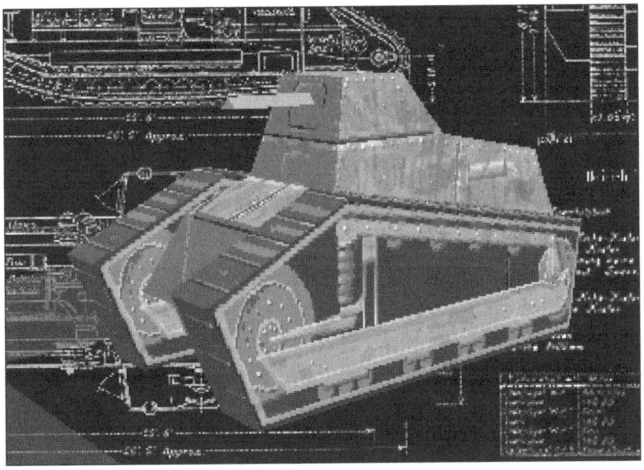

Auch die kleinen Brüder der schweren Panzer sollten als vorrangiges Ziel betrachtet werden. Sie lassen sich durch Bombenabwurf oder langanhaltendes Maschinengewehrfeuer vernichten.

Leichter deutscher Panzer

Auch die deutschen Klein-Panzer sind empfindlich gegen Bomben und kontinuierlichen MG-Beschuß.

Deutsches Flugabwehr-Geschütz

Deutsche Flugabwehr-Stellungen können sich tödlich auf alliierte Luftwaffenverbände auswirken. Gehen Sie bei einem Angriff schnell und mit größtmöglicher Präzision vor. Neben einer Bombardierung eignet sich auch gezieltes Maschinengewehrfeuer zur Eliminierung der Geschütze.

Beobachtungsposten

Beobachtungsposten sind meist rund um ein Flugfeld aufgestellt. Da sie keine Gefahr für Flugzeuge darstellen, ist ein Abschuß dieser Konstruktionen eher zweitrangig.

Alliiertes Flugabwehr-Geschütz

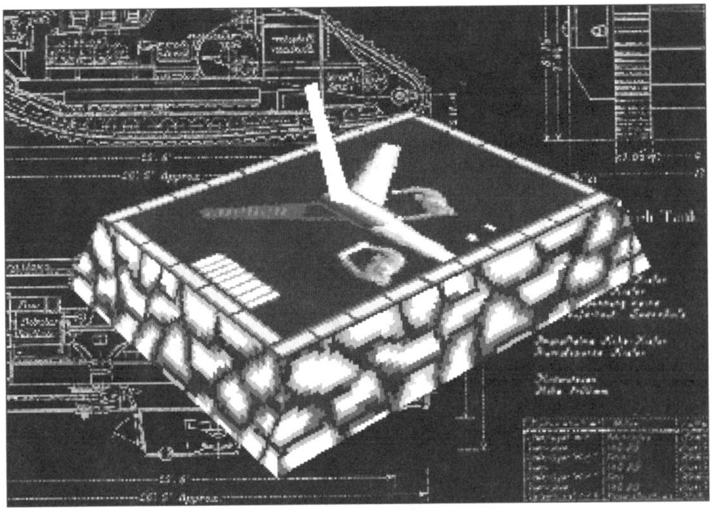

Flugabwehrstellungen sind hochgefährliche Ziele. Sie finden sich in der Nähe von Versorgungslagern, Zugdepots und Flugplätzen. Schalten Sie die Geschütze mit Bomben oder gezielten MG-Salven aus.

Deutsche MG-Stellung

Da solche »MG-Nester« sowohl Flugzeugen als auch Bodentruppen gefährlich werden können, sollten Sie diese Stellungen unverzüglich ausschalten. Damit helfen Sie den Jungs von der Infanterie bei ihrem harten Job.

Alliierter Ballon

Alliierte »Caquot«-Ballone dienen zum Aufspüren deutscher Artilleriestellungen. Gehen Sie bei einem Angriff auf einen Ballon mit größter Vorsicht vor, denn die Gebilde werden von Flak- und MG-Stellungen beschützt.

Allierte MG-Stellung

Auch die alliierten MG-Nester machen sowohl Piloten als auch Bodentruppen schwer zu schaffen. Vernichten Sie sie um jeden Preis mit Bomben oder Gewehrsalven.

Alliierte Artillerie

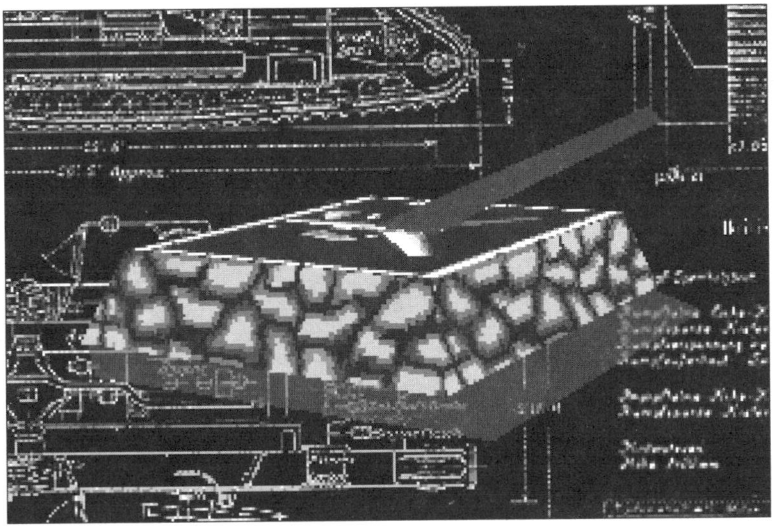

Diese mächtigen Geschütze sind hinter den Frontlinien stationiert. Die weitreichenden Granaten richten schwerste Schäden bei gegnerischen Stellungen und Bodentruppen an. Deshalb gelten Artillerie-Geschütze als vorrangiges Ziel.

Trenngräben

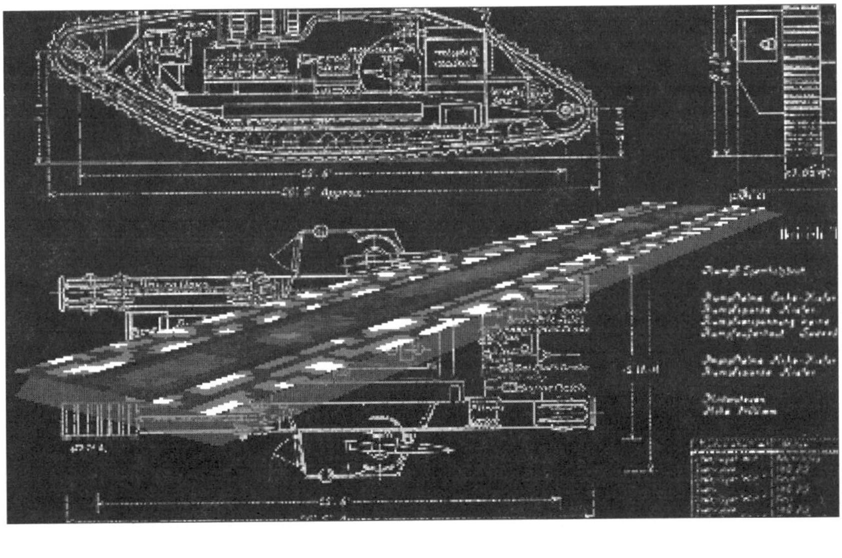

Solche Gräben werden zum Schutz vor feindlichen Übergriffen um strategisch wichtige Ziele herum gezogen. Ignorieren Sie diese Ziele, da sie keine aktive Gefahr darstellen.

Deutscher Beobachtungsposten

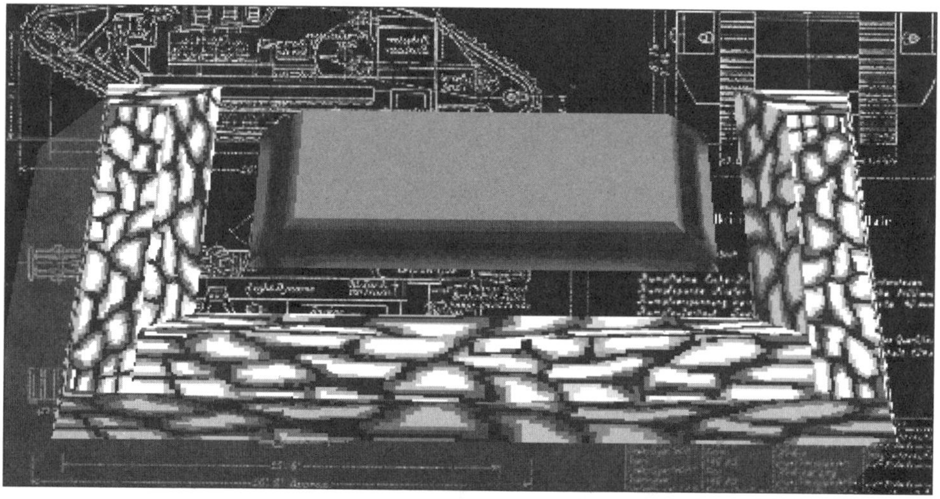

Von diesen Bauten aus beobachten die Deutschen das Gelände und koordinieren ihre vernichtenden Artillerie-Angriffe. Diese Posten sollten Sie unbedingt angreifen.

Deutscher Ballon

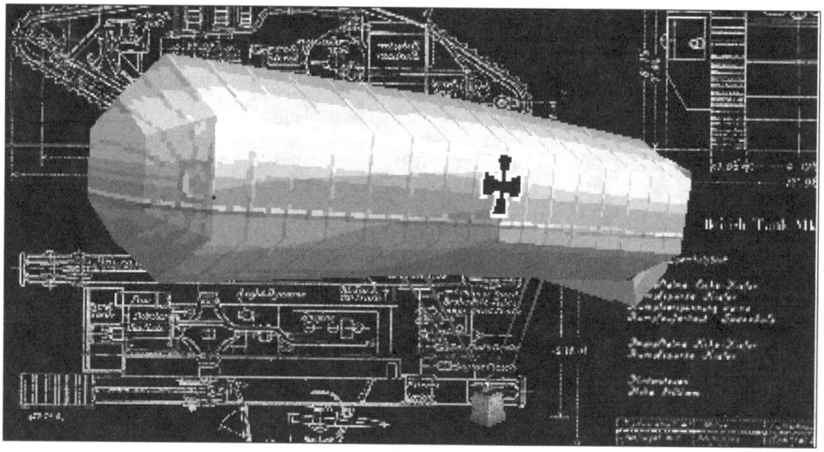

Auch die Deutschen behalten die Artilleriestellungen ihrer alliierten Gegner stets im Auge. Dabei helfen ihnen die Beobachtungsballone des Typs »Drachen«. Die gut geschützten »Drachen« sollten nur mit äußerster Vorsicht angegriffen werden.

Deutsche Artillerie

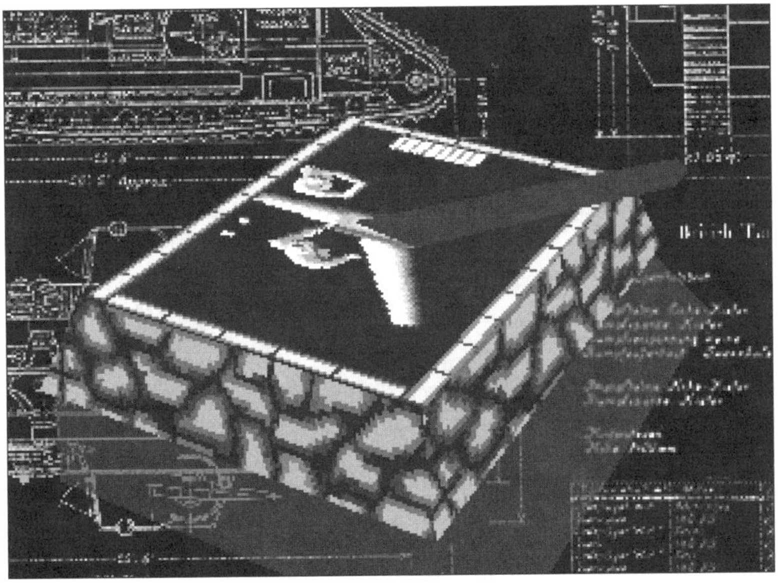

Die deutschen Artilleriestellungen sind meist hinter Gräben zu finden. Vernichten Sie sie durch gezieltes Bombardement, um Verluste in den eigenen Reihen zu verhindern.

Deutscher Soldat

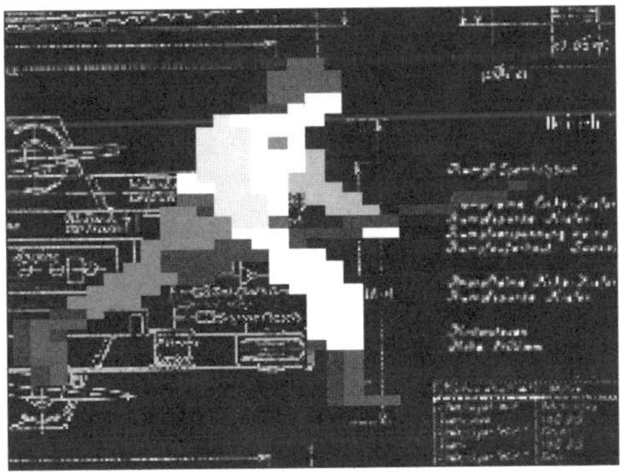

Deutsche Soldaten auf freiem Feld sind eine leichte Beute für die Maschinengewehre herannahender alliierter Flugzeuge. Durch Bombardements stören Sie Großangriffe der deutschen Infanterie empfindlich.

Alliierter Soldat

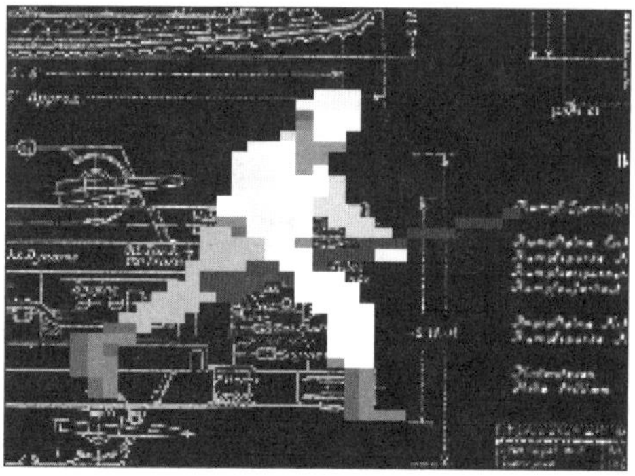

Auch die Franzosen, Briten und Amerikaner sind auf freiem Feld schutzlos Ihren MG-Attacken und Bombenabwürfen ausgeliefert.

Grünes Zelt

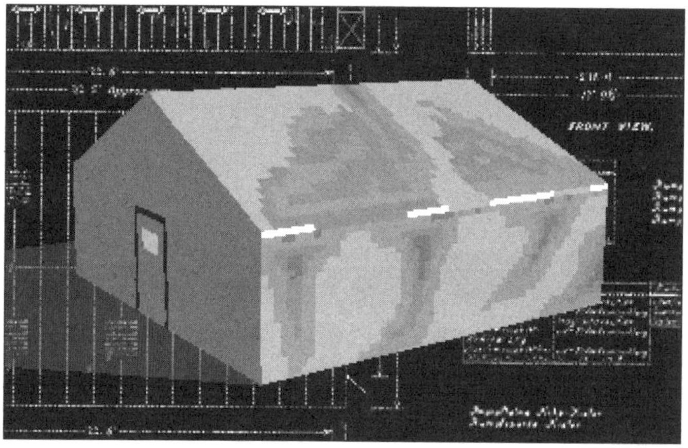

In diesen Zelten sind entweder Soldaten oder Güter untergebracht. Konzentrieren Sie sich nur dann auf die Zelte, wenn kein besseres Ziel in Sicht ist.

Großer Hangar

Hinter den Wänden der großen Hangars verbergen sich große Reparaturwerkstätten. Schon deshalb sollten Sie diesen Gebäudetyp zu einem bevorzugten Ziel machen.

Lagerhallen

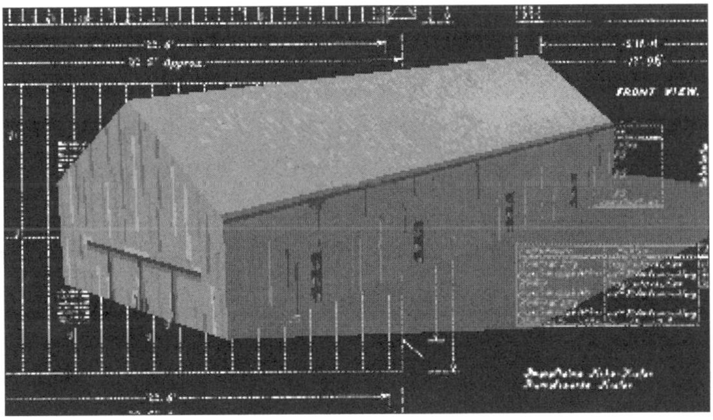

In der Nähe von Versorgungsgruben finden sich stets ein paar Lagerhallen. Diese geben ein hervorragendes Bombardierungsziel ab.

Kasernen

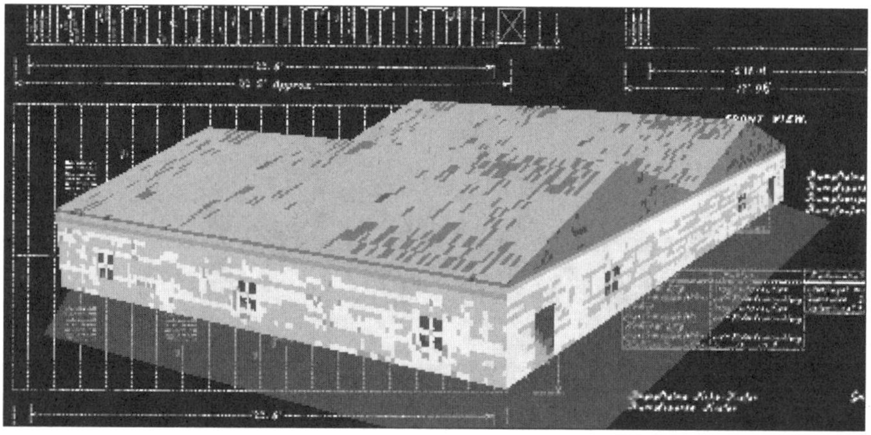

Kasernen sollten – wann immer möglich – mit einem dichten Bombenteppich belegt werden. Damit schalten Sie ganze Truppenteile und anderes militärisches Personal aus.

Red Baron II

TEMP
AirSpeed
RPM
VSI
ALT

Kapitel 7

Die Piloten des großen Krieges

Sie kamen aus allen Gesellschaftsschichten. Arm und Reich. Glücklich oder zum Sterben verdammt. Eine Sache vereinte die Männer aus den verschiedenen Lagern: Ihre Liebe zum Fliegen. Die Luftfahrt war etwas völlig Neues, ein bislang unbeschrittenes Terrain für mutige Pioniere. Die rasanten Entwicklungen erforderten einen ganz besonderen Menschenschlag, der die Stärken und Schwächen der neuen Technologie ausloten konnte. Neue Erkenntnisse gewannen die verwegenen Piloten nicht im Forschungslabor, sondern während des Fluges im Cockpit. Während der ersten Kriegsmonate war der Begriff »Luftkampftaktik« nur eine hohle Phrase – und die galt es zu füllen.

Die folgenden Kurzbiographien machen Sie mit den herausragendsten Piloten jener Zeit bekannt.

Oswald Boelcke

Oswald Boelke war ein echter Pionier der militärischen Luftfahrt, ein Wegbereiter für den Formationsflug, und galt als »Vater« der deutschen Luftwaffe. Boelke wurde im Jahre 1891 als Sohn eines bescheidenen Schullehrers geboren. Nachdem er seine ersten militärischen Sporen beim Telegraphischen Bataillon verdient hatte, wechselte er im Juni 1914 zur Luftfahrt. Der ehrgeizige Offizier führte zusammen mit seinem Bruder Wilhelm Aufklärungsflüge in unbewaffneten Maschinen durch.

Seinen ersten Abschuß konnte Boelke hinter dem Steuerknüppel einer LVG C.I. erzielen. Bekannt für seine große Aggressivität, flog er als einer von zwei Piloten die ersten Fokker-Eindecker seines Geschwaders. Der andere Pilot war sein alter Kamerad und Flugpartner Max Immelmann.

Boelke war einer der ersten Piloten, die das hohe Angriffspotential der Flugzeuge erkannten und sich für aggressivere Einsätze aussprachen. Während der Flüge mit Max Immelmann fand er heraus, daß mehrere Flugzeuge im Verbund weitaus bessere Siegchancen hatten als einzelne

Maschinen. Doch der deutsche Generalstab brauchte eine Weile, um sich mit den radikalen Ansichten des jungen Piloten anzufreunden. Erst nach Immelmanns Tod im Juni 1916 und dem verheerenden Desaster von Verdun befaßten sich die Generäle näher mit Boelkes Thesen.

Nach einer Audienz beim Kaiser wurde Boelke mit der Reorganisation des Flugbetriebs beauftragt. So schnell es ging, installierte Boelke die sogenannten »Jagdstaffeln« (kurz »Jasta«). Jede Jasta war ursprünglich aus sechs einsitzigen Maschinen zusammengesetzt. Mit Zunahme der kriegerischen Aktivitäten erhöhte sich diese Zahl auf 21 Flugzeuge pro Jagdstaffel. Im September 1916 veröffentlichte Boelke die Doktrin der Deutschen Luftwaffe – die erste Regelsammlung für Piloten überhaupt.

Boelke übernahm das Kommando über die Jasta 2, die erste Staffel, die ausschließlich aus Jagdmaschinen bestand. Er suchte seine Piloten sehr sorgfältig aus, und mit Manfred von Richthofen – dem legendären »Roten Baron«, gelang ihm ein besonderer Glücksgriff.

Boelke fiel am 28. Oktober 1916, als seine Maschine mit einem Flugzeug aus den eigenen Reihen kollidierte.

Manfred von Richthofen

Von Richthofen war der geborene Jäger. Mit scharfem Blick und ruhiger Hand jagte er nahezu alles, was ihm vor die Flinte kam – von harmlosen Enten bis hin zu angriffslustigen Wildschweinen. Als Sohn eines Militäroffiziers verstand es sich für Richthofen von selbst, daß er zunächst die Kadettenschule und dann die Kriegsakademie in Danzig, Polen, besuchte. Im Juni 1915 ließ sich von Richthofen an die Flugschule Saxony versetzen, wo er es schnell zum Beobachter brachte. Während einer Patrouille mit einer Aviatik C.I., holte von Richthofen eine französische Farman mit nur 100 Schuß aus seinem Parabellum-Maschinengewehr vom Himmel. Ende 1915 beantragte von Richthofen die Ausbildung zum Piloten.

Nach dem kurzen Lehrgang in Doberitz und drei gescheiterten Anläufen zum Abschluß-Examen, hielt von Richthofen endlich die begehrte Pilotenlizenz in Händen. Voller Begeisterung brachte er seinen Bruder Lothar dazu, in seine Fußstapfen zu treten. Während sich Lothar mit den Grundsätzen der Fliegerei beschäftigte, wurde Manfred im März 1916 an die Front versetzt – mitten hinein in die Verdun-Offensive.

Als sich die erste Gelegenheit bot, zurrte von Richthofen ein Maschinengewehr auf dem oberen Flügel seiner Albatros C III fest – und schoß damit promt eine Nieuport ab. Doch seine wahre Karriere begann erst mit seiner Berufung zum Jasta Boelke im September 1916. Von Richthofen bemalte große Partien seiner einsitzigen Albatros D.I. zu Identifikationszwecken mit roter Farbe, was ihm schon nach kurzer Zeit seinen Spitznamen »Der Rote Baron« einbrachte.

Es dauerte nicht lange, bis Richthofen die Auszeichnung »Blauer Max« verliehen bekam und zum Geschwaderführer des Jasta 11 befördert wurde. Richthofen trug einen großen Teil zu den Fortschritten des Formationsflugs bei und verfeinerte die Strategien für den Flug im Verbund so sehr, daß ihm bald derselbe Respekt gezollt wurde wie seinem Vordenker Oswald Boelke.

Schon zu dieser Zeit verfügte von Richthofen über eine große Popularität – doch das war gar nichts, verglichen mit dem Ruhm, den er sich während des »Blutigen April« verdiente. In nur vier Wochen tätigte er 21 Abschüsse und wurde daraufhin zum Rittmeister befördert. Spätestens jetzt war sein Name weit über die Grenzen von Deutschland hinaus bekannt und gefürchtet.

Richthofen und sein Geschwader waren gemeinhin als »Fliegender Zirkus« bekannt. Das lag an den schrillen Farben, mit denen die Piloten ihre Flieger dekorierten. Richthofens Jagdstaffeln erzielten mehr Abschüsse und generierten mehr Piloten-Asse als alle anderen Staffeln der deutschen Luftwaffe. Die Gefährlichkeit des »Fliegenden Zirkus« wird durch folgende Zahlen beeindruckend illustriert: 644 Siege standen gegenüber nur 52 Verlusten – eine unglaubliche Rate von 12:1.

Manfred von Richthofen selbst konnte insgesamt 80 bestätigte Abschüsse für sich verbuchen, mehr als jeder andere Pilot des Ersten Weltkriegs.

Frank Luke, Jr.

Frank Luke, der »Arizona Balloon Buster«, kam in Phoenix, Arizona zur Welt. Er meldete sich im September 1917 zu den US-Streitkräften, lernte fliegen und kam im Juli 1918 an der Front an. Er wurde dem 27ten Aero Squadron zugeteilt. Sein grenzenloser Mut brachte ihm schnell den zweifelhaften Ruf eines »wilden und ungestümen Burschen« ein. Doch seine Kameraden stellten ein Merkmal an ihm fest, das gute Piloten von großartigen Piloten unterscheidet: komplette Furchtlosigkeit.

Im September 1918 startete Luke eine persönliche Kampagne gegen deutsche Beobachtungs-Ballons und Flugzeuge. Zwischen dem 12. und dem 18. September erzielte er 13 Abschüsse (zwei Tage davon ist er am Boden geblieben). Am letzten Tag dieser glorreichen Kampagne fegte er zwei Ballons und drei Flugzeuge vom Himmel.

Im Abendrot des 29. September 1918 startete Luke von einem Flugplatz nahe Verdun zu einer Angriffsmission auf Ballons bei Dune-sur-Meuse. Er kehrte nicht mehr zurück.

Nach dem Inkrafttreten des Waffenstillstands stießen US-Truppen in dem kleinen Städchen

Murrvaux auf Frank Lukes Grab. Den Aussagen der Dorfbevölkerung zufolge, wurde er von einer Bodengeschützstellung in die Brust getroffen, während er Murvaux in geringer Höhe umkreiste. Mit letzter Kraft landete er seine Maschine, kroch aus dem Cockpit und eröffnete mit seiner Handfeuerwaffe das Feuer auf die herannahenden deutschen Soldaten.

Lukes sterbliche Überreste wurden exhumiert und zum US-Soldatenfriedhof in Romagne, Frankreich, überführt.

Für seine Leistungen an jenem verhängnisvollen 29. September wurde ihm posthum die »Medal of Honor« verliehen. Unter dem mörderischen Sperrfeuer zahlloser Bodenstellungen, gejagt von acht deutschen Flugzeugen, war es ihm dennoch gelungen, drei feindliche Ballons vom Himmel zu holen und sechs Soldaten niederzustrecken.

Zum Zeitpunkt seines heldenhaften Todes war Frank Luke Jr. das erfolgreichste As der US-Luftwaffe. Auf sein Konto gingen insgesamt 18 bestätigte Abschüsse (14 Ballons und 4 Flugzeuge).

Edward V. Rickenbacker

Eddie Rickenbacker stammt aus Columbus, Ohio, und hat sich vor dem Eintritt der USA in den Ersten Weltkrieg einen Namen als Rennfahrer gemacht. Als die Vereinigten Staaten ihre ersten Truppenkontingente für den Übersee-Einsatz zusammenstellten, wurde Rickenbacker die ehrenvolle Position des persönlichen Chauffeurs von General Pershing angeboten. Er trat in die U.S. Army ein und wurde gleich nach seiner Ankunft in Frankreich der Luftwaffe in Tours überstellt, um dort das Fliegen zu lernen. Aufgrund seiner hervorragenden Kenntnisse über Verbrennungsmotoren wurde Rickenbacker zunächst als technischer Offizier zur Flugschule Issoudun abkommandiert.

Als sich die erste Gruppe frisch ausgebildeter US-Piloten auf den Weg zum Fronteinsatz machte, äußerte Rickenbacker den Wunsch, mit ihnen zu gehen. Sein Antrag wurde von Major Carl

Spaatz genehmigt, woraufhin Rickenbacker dem 94sten Aero Squadron zugeteilt wurde.

Für Eddie begann damit eine glänzende Pilotenkarriere: Dank seiner überdurchschnittlichen Kampfgeschicklichkeit wurde er zum führenden Flieger-As der US-Streitkräfte. Bis zum Ende des Krieges erzielte er 26 bestätigte Abschüsse – obwohl er im Juni, Juli und August aufgrund einer ernsthaften Infektion im Mittelohr gar nicht in die Lüfte steigen durfte. General Billy Mitchel schlug Rickenbacker am Tag vor der großen Meuse-Argonne-Offensive zum Kommandanten des 94sten Aero Squadron vor.

Am 6. November 1930 erhielt Edward V. Rickenbacker von Präsident Herbert Hoover die begehrte »Medal of Honor«. Die Auszeichnung wurde ihm aufgrund außerordentlicher Tapferkeit und Furchtlosigkeit während eines nahezu aussichtslosen Kampfes gegen sieben feindliche Maschinen am 25.9.1918 verliehen. Zwei dieser Maschinen hatte Rickenbacker höchstpersönlich vom Himmel gefegt.

Capt. Rickenbacker starb am 23. Juli 1973 eines natürlichen Todes.

Piloten-Statistiken

Nun folgt ein kurzer Abriß über die wichtigsten Daten der Piloten-Asse, die während des 1. Weltkriegs mehr als 20 Abschüsse erzielten.

Australien

Robert Little

Dienstgrad: Captain
Dienst: Royal Naval Air Service / Royal Air Force
Geschwader: 1W, 8N (RNAS) / 203 (RAF)
Abschüsse: 47
Gefallen: 27. Mai 1918

Roderick Dallas

Dienstgrad: Major
Dienst: Royal Naval Air Service / Royal Air Force
Geschwader: 1N, 1W (RNAS) / 40 (RAF)
Abschüsse: 32
Gefallen: 1. Juni 1918

Kanada

William Bishop

Dienstgrad: Lieutenant Colonel
Dienst: Royal Flying Corps
Geschwader: 21, 60, 85
Abschüsse: 72
Gestorben: 1956

Raymond Collishaw

Dienstgrad: Lieutenant Colonel
Dienst: Royal Naval Air Service
Geschwader: 3W, 10N, 13N, 47, 203
Abschüsse: 59
Gestorben: 1976

Donald MacLaren

Dienstgrad: Major
Dienst: Royal Flying Corps
Geschwader: 46
Abschüsse: 46
Gestorben: 1989

England

Edward »Milk« Mannock

Dienstgrad: Major
Dienst: Royal Flying Corps
Geschwader: 40, 74, 85
Abschüsse: 60
Gefallen: 17. Juni 1918

James McCudden

Dienstgrad: Major
Dienst: Royal Flying Corps
Geschwader: 3, 20, 29, 56, 66
Abschüsse: 57
Gefallen: 11. Juli 1918

Albert Ball

Dienstgrad: Captain
Dienst: Royal Flying Corps
Geschwader: 8, 11, 13, 56, 60
Abschüsse: 44
Gefallen: 7. Mai 1917

Philip Fullard

Dienstgrad: Captain
Dienst: Royal Flying Corps
Geschwader: 1
Abschüsse: 40
Gefallen: 17. November 1917

Frankreich

Rene Fonck

Dienstgrad: Capitaine
Geschwader: C47, Spa103
Abschüsse: 75
Gestorben: 1953

Georges Guynemer

Dienstgrad: Capitaine
Geschwader: Spa3
Abschüsse: 53
Gefallen: 11. September 1917

Charles Nungesser

Dienstgrad: Lieutenant
Geschwader: V106, V116, N65, Spa65
Abschüsse: 43
Gestorben: 1927

Georges Madon

Dienstgrad: Lieutenant
Geschwader: BL30, MF218, N38, Spa38
Abschüsse: 41
Gestorben: 1924

Maurice Boyau

Dienstgrad: Lieutenant
Geschwader: N77, Spa77
Abschüsse: 35
Gefallen: 16. September 1918

Michel Coiffard

Dienstgrad: Lieutenant
Geschwader: N154, Spa154
Abschüsse: 34
Gefallen: 28. Oktober 1918

Armand Pinsard

Dienstgrad: Capitaine
Geschwader: MS23, N26, N78, Spa23
Abschüsse: 27
Gefallen: 12. Juni 1917

Rene Dorme

Dienstgrad: Sous Lieutenant
Geschwader: C94, CRP, N3
Abschüsse: 23
Gefallen: 25. Mai 1917

Deutschland

Manfred von Richthofen

Dienstgrad: Rittmeister
Geschwader: FA 69, Jasta 2, 11, JG 1, KG 2
Abschüsse: 80
Gefallen: 21. April 1918

Ernst Udet

Dienstgrad: Oberleutnant
Geschwader: FA 68, FFA 206, Jasta 4, 11, 15, 37
Abschüsse: 62
Gefallen: 17. November 1941

Werner Voss

Dienstgrad: Leutnant
Geschwader: KG 4, Jasta 2, 5, 10, 14, 29
Abschüsse: 48
Gefallen: 23. September 1917

Fritz Rumey

Dienstgrad: Leutnant
Geschwader: FAA 19, Jasta 2, 5
Abschüsse: 45
Gefallen: 27. September 1918

Rudolf Berthold

Dienstgrad: Hauptmann
Geschwader: FFA 23, Jasta 4, 14, 18, JG 2
Abschüsse: 44
Gestorben: 1920

Bruno Loerzer

Dienstgrad: Hauptmann
Geschwader: FA 60, FAA 203, FFA 25, Jasta 17, 26, JG 3, Kek J
Abschüsse: 44
Gestorben: 1960

Paul Baumer

Dienstgrad: Leutnant
Geschwader: FA 7, Jasta 2, 5
Abschüsse: 43
Gestorben: 1927

Oswald Boehlke

Dienstgrad: Hauptmann
Geschwader: Jasta 2
Abschüsse: 40
Gefallen: 28. Oktober 1916

Lothar von Richthofen

Dienstgrad: Oberleutnant
Geschwader: Jasta 11, KG 4
Abschüsse: 40
Gestorben: 4. Juli 1922

Vereinigte Staaten

Edward Rickenbacker

Dienstgrad: Captain
Dienst: United States Air Service
Geschwader: 94stes Aero
Abschüsse: 26
Gestorben: 1973

TEMP
Airspeed
VSI
ALT

Anhang

Standorte der Geschwader

Wenn Sie Ihre Karriere in Red Baron II starten, können Sie Nation, Dienst, Einstiegsdatum und Geschwader frei wählen. Ihre Missionen und Ziele hängen stark von dieser Wahl ab. Die nachfolgenden Seiten geben Ihnen deshalb Aufschluß darüber, wo wann welches Geschwader stationiert war. Diese Liste wird Ihnen große Dienste erweisen, wenn Sie nach einer Beförderung zu einem anderen Geschwader überstellt werden wollen.

Britische Geschwader

1916 bereiteten die Briten eine Großoffensive in Richtung Somme vor. Im ersten Halbjahr 1916 vergrößerte und reorganisierte Major-General Hugh Trenchard das Royal Flying Corps. Es wurde in vier Brigaden mit jeweils zwei Flügeln aufgeteilt. Jede Brigade war einer Armee der BEF zugeteilt. Ein Flügel der Brigade unterstand den Armee-Hauptquartieren für den strategischen Einsatz, während der andere Flügel den Corps-Kommandanten für die taktische Aufklärung und Artillerie-Bekämpfung unterstand. Trenchard sorgte auch dafür, daß den einzelnen Geschwadern spezielle Aufgabengebiete mit der entsprechenden Ausrüstung zugeteilt wurden. Er führte neue Jäger-Bezeichnungen ein, ließ die Konstruktionen verbessern und setzte nicht zuletzt bessere Piloten ein. Nach einem ereignisreichen Sommer hatte es Trenchard geschafft, das RFC auf mehr als 420 Maschinen in 27 Geschwadern zu erweitern.

1. April 1916

Geschwader 1: Flugplatz Bailleul, Region Flandern
Geschwader 23: Region Flandern
Geschwader 24: Region Flandern
Geschwader 29: Flugplatz St. Omer, Region Flandern

1. Juni 1916

Geschwader 1: Flugplatz Bailleul, Region Flandern
Geschwader 23: Region Flandern
Geschwader 24: Region Flandern
Geschwader 29: Flugplatz Abeele, Region Flandern
Geschwader 60: Flugplatz Boisdemshen, Region Flandern

1. August 1916

Geschwader 1: Flugplatz Bailleul, Region Flandern
Geschwader 23: Region Flandern
Geschwader 24: Region Flandern
Geschwader 29: Flugplatz Abeele, Region Flandern
Geschwader 60: Flugplatz Boisdemshen, Region Flandern

1. Oktober 1916

Geschwader 1: Flugplatz Bailleul, Region Flandern
Geschwader 23: Region Flandern
Geschwader 24: Region Flandern
Geschwader 29: Flugplatz Abeele, Region Flandern
Geschwader 40: Flugplatz Treizennes, Region Flandern
Geschwader 60: Region Flandern

1. Dezember 1916

Geschwader 1: Flugplatz Bailleul, Region Flandern
Geschwader 23: Region Flandern
Geschwader 24: Region Flandern
Geschwader 29: Region Flandern
Geschwader 40: Flugplatz Treizennes, Region Flandern

Geschwader 46: Flugplatz Droglandt, Region Flandern
Geschwader 60: Region Flandern
8. RNAS: Flugplatz St. Pol sur Mere, Region Flandern

Januar 1917

Geschwader 1: Flugplatz Bailleul, Region Flandern
1.RNAS: Flugplatz Teteghem, Region Flandern
Geschwader 23: Region Flandern
Geschwader 24: Region Flandern
Geschwader 29: Region Flandern
Geschwader 40: Flugplatz Treizennes, Region Flandern
Geschwader 46: Flugplatz Droglandt, Region Flandern
Geschwader 54: Region Flandern
Geschwader 60: Region Flandern
8. RNAS: Flugplatz St. Pol sur Mere, Region Flandern

1. März 1917

Geschwader 1: Flugplatz Bailleul, Region Flandern
1. RNAS: Flugplatz Leffrinckhauke, Region Flandern
Geschwader 23: Region Flandern
Geschwader 24: Region Flandern
Geschwader 29: Region Flandern
Geschwader 40: Flugplatz Treizennes, Region Flandern
Geschwader 43: Flugplatz Treizennes, Region Flandern
Geschwader 46: Flugplatz Droglandt, Region Flandern
Geschwader 54: Region Flandern
Geschwader 60: Region Flandern
8. RNAS: Flugplatz St. Pol sur Mere, Region Flandern

1. Mai 1917

Geschwader 1: Flugplatz Bailleul, Region Flandern
1. RNAS: Region Flandern
Geschwader 23: Region Flandern
Geschwader 24: Region Flandern
Geschwader 29: Region Flandern
Geschwader 40: Region Flandern
Geschwader 43: Flugplatz Treizennes, Region Flandern
Geschwader 46: Flugplatz Boisdemshen, Region Flandern
Geschwader 54: Region Flandern
Geschwader 56: Flugplatz St. Omer, Region Flandern
Geschwader 60: Region Flandern
8.RNAS: Region Flandern

1. Juli 1917

Geschwader 1: Flugplatz Bailleul, Region Flandern
1.RNAS: Flugplatz Bailleul, Region Flandern
Geschwader 23: Flugplatz La Lovie, Region Flandern
Geschwader 24: Region Flandern
Geschwader 29: Region Flandern
Geschwader 40: Region Flandern
Geschwader 43: Region Flandern
Geschwader 46. Flugplatz La Gorgue, Region Flandern
Geschwader 54: Flugplatz Bray Dunes, Region Flandern
Geschwader 56: Region Flandern
Geschwader 60: Region Flandern
8.RNAS: Region Flandern

1. September 1917

Geschwader 1: Flugplatz Bailleul, Region Flandern
1.RNAS: Flugplatz Bailleul, Region Flandern
Geschwader 23: Flugplatz La Lovie, Region Flandern
Geschwader 24: Region Flandern
Geschwader 29: Flugplatz Poperinghe, Region Flandern
Geschwader 40: Region Flandern
Geschwader 43: Region Flandern
Geschwader 46: Flugplatz St. Marie Cappelle, Region Flandern
Geschwader 54: Flugplatz Leffrinckhauke, Region Flandern
Geschwader 56: Region Flandern
Geschwader 60: Region Flandern
8.RNAS: Region Flandern

1. November 1917

Geschwader 1: Flugplatz Bailleul, Region Flandern
1.RNAS: Flugplatz Bailleul, Region Flandern
Geschwader 23: Flugplatz La Lovie, Region Flandern
Geschwader 24: Flugplatz Teteghem , Region Flandern
Geschwader 28: Region Flandern
Geschwader 29: Flugplatz Poperinghe, Region Flandern
Geschwader 40: Region Flandern
Geschwader 43: Region Flandern
Geschwader 46: Flugplatz St. Marie Cappelle, Region Flandern
Geschwader 54: Flugplatz Teteghem, Region Flandern
Geschwader 56: Region Flandern
Geschwader 60: Flugplatz St. Marie Cappelle, Region Flandern
Geschwader 65: Flugplatz La Lovie, Region Flandern
8.RNAS: Region Flandern
Geschwader 84: Region Flandern

1. Januar 1918

Geschwader 1: Flugplatz Bailleul, Region Flandern
1.RNAS: Flugplatz Bailleul, Region Flandern
Geschwader 23: Flugplatz La Lovie, Region Flandern
Geschwader 24: Region Flandern
Geschwader 28: Region Flandern
Geschwader 29: Flugplatz Poperinghe, Region Flandern
Geschwader 40: Region Flandern
Geschwader 43: Region Flandern
Geschwader 46: Flugplatz St. Marie Cappelle, Region Flandern
Geschwader 54: Region Flandern
Geschwader 56: Region Flandern
Geschwader 60: Flugplatz St. Marie Cappelle, Region Flandern
Geschwader 65: Flugplatz Bailleul, Region Flandern
8.RNAS: Region Flandern
Geschwader 84: Region Flandern

1. März 1918

Geschwader 1: Flugplatz Bailleul, Region Flandern
1.RNAS: Flugplatz Teteghem, Region Flandern
Geschwader 23: Flugplatz Matigny, Region Marne
Geschwader 24: Flugplatz Matigny, Region Marne
Geschwader 28: Region Flandern
Geschwader 29: Flugplatz Poperinghe, Region Flandern
Geschwader 40: Region Flandern
Geschwader 43: Flugplatz La Gorgue, Region Flandern
Geschwader 46: Flugplatz St. Marie Cappelle, Region Flandern
Geschwader 54: Region Flandern
Geschwader 56: Region Flandern
Geschwader 60: Flugplatz St. Marie Cappelle, Region Flandern
Geschwader 65: Flugplatz Poperinghe, Region Flandern
8.RNAS: Flugplatz Bray Dunes, Region Flandern
Geschwader 84: Region Flandern

1. Mai 1918

Geschwader 1: Flugplatz Clairmarias, Region Flandern
1.RNAS: Flugplatz Coxyde, Region Flandern
Geschwader 203: Region Flandern
Geschwader 208: Flugplatz Teteghem, Region Flandern
Geschwader 209: Region Flandern
Geschwader 23: Flugplatz Moreuil, Region Marne
Geschwader 24: Region Flandern
Geschwader 28: Region Flandern
Geschwader 29: Flugplatz St. Omer, Region Flandern
Geschwader 40: Region Flandern
Geschwader 43: Region Flandern
Geschwader 46: Flugplatz St. Marie Cappelle, Region Flandern
Geschwader 54: Flugplatz Clairmarias, Region Flandern
Geschwader 56: Region Flandern
Geschwader 60: Region Flandern
Geschwader 65: Region Flandern

Geschwader 74: Flugplatz Clairmarias, Region Flandern
8.RNAS: Flugplatz Teteghem, Region Flandern
Geschwader 84: Region Flandern

1. Juli 1918

Geschwader 1: Flugplatz Clairmarias, Region Flandern
1.RNAS: Flugplatz Coxyde, Region Flandern
Geschwader 203: Region Flandern
Geschwader 208: Region Flandern
Geschwader 209: Region Flandern
Geschwader 23: Flugplatz Moreuil, Region Marne
Geschwader 24: Region Flandern
Geschwader 28: Region Flandern
Geschwader 29: Region Flandern
Geschwader 40: Region Flandern
Geschwader 43: Region Flandern
Geschwader 46: Region Flandern
Geschwader 54: Region Flandern
Geschwader 56: Region Flandern
Geschwader 60: Region Flandern
Geschwader 65: Region Flandern
Geschwader 74: Flugplatz Clairmarias, Region Flandern
8.RNAS: Flugplatz Teteghem, Region Flandern
Geschwader 84: Region Flandern
Geschwader 85: Flugplatz Petite Synthe, Region Flandern

1. September 1918

Geschwader 1: Region Flandern
1.RNAS: Region Flandern
Geschwader 203: Region Flandern
Geschwader 208: Region Flandern
Geschwader 209: Region Flandern
Geschwader 23: Flugplatz Moreuil, Region Marne
Geschwader 24: Region Flandern
Geschwader 28: Region Flandern
Geschwader 29: Flugplatz Hoog Huys, Region Flandern
Geschwader 40: Region Flandern
Geschwader 43: Region Flandern
Geschwader 46: Region Flandern
Geschwader 54: Region Flandern
Geschwader 56: Region Flandern
Geschwader 60: Region Flandern
Geschwader 65: Flugplatz Bray Dunes, Region Flandern
Geschwader 74: Flugplatz Clairmarias, Region Flandern
8.RNAS: Flugplatz Teteghem, Region Flandern
Geschwader 84: Region Flandern
Geschwader 85: Flugplatz Petite Synthe, Region Flandern

1. November 1918

Geschwader 1: Region Flandern
1.RNAS: Region Flandern
Geschwader 203: Region Flandern
Geschwader 208: Region Flandern
Geschwader 209: Region Flandern
Geschwader 23: Flugplatz Moreuil, Region Marne
Geschwader 24: Region Flandern
Geschwader 28: Region Flandern
Geschwader 29. Flugplatz La Lovie, Region Flandern
Geschwader 40: Region Flandern
Geschwader 43: Region Flandern
Geschwader 46: Region Flandern
Geschwader 54: Region Flandern
Geschwader 56: Region Flandern
Geschwader 60: Region Flandern
Geschwader 65: Flugplatz Bray Dunes, Region Flandern
Geschwader 74: Flugplatz La Lovie, Region Flandern
8.RNAS: Flugplatz Teteghem, Region Flandern
Geschwader 84: Region Flandern
Geschwader 85: Flugplatz Petite Synthe, Region Flandern

Deutsche Geschwader

1. Oktober 1916
Jagdstaffel 10: Region Flandern
Jagdstaffel 11: Region Flandern
Jagdstaffel 12: Flugplatz Laon, Region Marne
Jagdstaffel 13: Region Elsaß
Jagdstaffel 14: Region Elsaß
Jagdstaffel 15: Region Elsaß
Jagdstaffel 16: Region Elsaß
Jagdstaffel 2: Region Flandern
Jagdstaffel 4: Flugplatz La Ferte Chevresis, Region Marne
Jagdstaffel 5: Region Verdun
Jagdstaffel 6: Region Verdun
Jagdstaffel 7: Region Verdun
Jagdstaffel 8: Flugplatz Roulers, Region Flandern

1. Dezember 1916
Jagdstaffel 10: Region Flandern
Jagdstaffel 11: Region Flandern
Jagdstaffel 12: Region Flandern
Jagdstaffel 13: Region Elsaß
Jagdstaffel 14: Region Elsaß
Jagdstaffel 15: Region Elsaß
Jagdstaffel 16: Region Elsaß
Jagdstaffel 2: Region Flandern
Jagdstaffel 22: Flugplatz Vaux, Region Marne
Jagdstaffel 23: Region Verdun
Jagdstaffel 4: Flugplatz La Ferte Chevresis, Region Marne
Jagdstaffel 5: Region Verdun
Jagdstaffel 6: Region Verdun
Jagdstaffel 7: Flugplatz Bellevue, Region Marne
Jagdstaffel 8: Flugplatz Roulers, Region Flandern

1. Januar 1917
Jagdstaffel 10: Region Flandern
Jagdstaffel 11: Region Flandern
Jagdstaffel 12: Region Flandern
Jagdstaffel 13: Region Elsaß
Jagdstaffel 14: Region Elsaß
Jagdstaffel 15: Region Elsaß
Jagdstaffel 16: Region Elsaß
Jagdstaffel 19: Region Elsaß
Jagdstaffel 2: Region Flandern
Jagdstaffel 22: Flugplatz Vaux, Region Marne
Jagdstaffel 23: Region Verdun
Jagdstaffel 4: Flugplatz Bellevue, Region Marne
Jagdstaffel 5: Region Flandern
Jagdstaffel 6: Region Verdun
Jagdstaffel 7: Flugplatz Bellevue, Region Marne
Jagdstaffel 8: Flugplatz Roulers, Region Flandern

1. März 1917
Jagdstaffel 10: Flugplatz Courtrai, Region Flandern
Jagdstaffel 11: Region Flandern
Jagdstaffel 12: Region Elsaß
Jagdstaffel 13: Region Elsaß
Jagdstaffel 14: Region Elsaß
Jagdstaffel 15: Region Elsaß
Jagdstaffel 16: Region Elsaß
Jagdstaffel 18. Flugplatz Halluin, Region Flandern
Jagdstaffel 19: Region Elsaß
Jagdstaffel 2: Region Flandern
Jagdstaffel 22: Flugplatz Vaux, Region Marne
Jagdstaffel 23: Region Verdun
Jagdstaffel 26: Region Elsaß
Jagdstaffel 27: Region Elsaß
Jagdstaffel 29: Region Flandern
Jagdstaffel 30: Flugplatz Bachy, Region Flandern
Jagdstaffel 32: Region Elsaß
Jagdstaffel 34: Region Verdun
Jagdstaffel 4: Flugplatz Bellevue, Region Marne
Jagdstaffel 5: Region Flandern
Jagdstaffel 6: Region Verdun
Jagdstaffel 7: Flugplatz Bellevue, Region Marne
Jagdstaffel 8: Flugplatz Roulers, Region Flandern

1. Mai 1917
Jagdstaffel 10: Flugplatz Courtrai, Region Flandern
Jagdstaffel 11: Region Flandern

Jagdstaffel 12: Region Elsaß
Jagdstaffel 13: Region Elsaß
Jagdstaffel 14: Flugplatz Marchais, Region Marne
Jagdstaffel 15: Region Flandern
Jagdstaffel 16: Region Elsaß
Jagdstaffel 18: Flugplatz Marcke, Region Flandern
Jagdstaffel 19: Flugplatz Pomacle, Region Marne
Jagdstaffel 2: Region Flandern
Jagdstaffel 22: Flugplatz Vaux, Region Marne
Jagdstaffel 23: Region Verdun
Jagdstaffel 26: Region Flandern
Jagdstaffel 27: Region Flandern
Jagdstaffel 29: Region Flandern
Jagdstaffel 30: Flugplatz Bachy, Region Flandern
Jagdstaffel 32: Flugplatz Chery les Pouilly, Region Marne
Jagdstaffel 37: Region Elsaß
Jagdstaffel 4: Region Flandern
Jagdstaffel 5: Region Flandern
Jagdstaffel 6: Region Verdun
Jagdstaffel 7: Region Verdun
Jagdstaffel 8: Flugplatz Roulers, Region Flandern

1. Juli 1917

Jagdstaffel 10: Flugplatz Heule, Region Flandern
Jagdstaffel 11: Flugplatz Bavichove, Region Flandern
Jagdstaffel 12: Region Flandern
Jagdstaffel 13: Region Elsaß
Jagdstaffel 14: Flugplatz Marchais, Region Marne
Jagdstaffel 15: Region Flandern
Jagdstaffel 16: Region Verdun
Jagdstaffel 18: Flugplatz Marcke, Region Flandern
Jagdstaffel 19: Region Elsaß
Jagdstaffel 2: Region Flandern
Jagdstaffel 22: Flugplatz Vivaise, Region Marne
Jagdstaffel 23: Region Verdun
Jagdstaffel 26: Flugplatz Rumbeke, Region Flandern
Jagdstaffel 27: Flugplatz Rumbeke, Region Flandern
Jagdstaffel 29: Region Flandern
Jagdstaffel 30: Flugplatz Bachy, Region Flandern
Jagdstaffel 32: Region Flandern
Jagdstaffel 34: Region Verdun
Jagdstaffel 37: Region Elsaß
Jagdstaffel 4: Flugplatz Cuerne, Region Flandern
Jagdstaffel 5: Region Flandern
Jagdstaffel 6: Flugplatz Bisseghem, Region Flandern
Jagdstaffel 7: Region Verdun
Jagdstaffel 8: Flugplatz Rumbeke, Region Flandern

1. September 1917

Jagdstaffel 10: Flugplatz Heule, Region Flandern
Jagdstaffel 11: Flugplatz Bavichove, Region Flandern
Jagdstaffel 12: Region Flandern
Jagdstaffel 13: Region Elsaß
Jagdstaffel 14: Flugplatz Marchais, Region Marne
Jagdstaffel 15: Region Flandern
Jagdstaffel 16: Region Verdun
Jagdstaffel 18: Flugplatz Marcke, Region Flandern
Jagdstaffel 19: Region Elsaß
Jagdstaffel 2: Flugplatz Varsenaire, Region Flandern
Jagdstaffel 22: Flugplatz Vivaise, Region Marne
Jagdstaffel 23: Region Verdun
Jagdstaffel 26: Flugplatz Rumbeke, Region Flandern
Jagdstaffel 27: Flugplatz Rumbeke, Region Flandern
Jagdstaffel 29: Region Flandern
Jagdstaffel 30: Flugplatz Bachy, Region Flandern
Jagdstaffel 32: Region Flandern
Jagdstaffel 34: Region Verdun
Jagdstaffel 37: Region Flandern
Jagdstaffel 4: Flugplatz Cuerne, Region Flandern
Jagdstaffel 40: Region Verdun
Jagdstaffel 5: Region Flandern
Jagdstaffel 6: Flugplatz Bisseghem, Region Flandern
Jagdstaffel 7: Flugplatz Ingelmunster, Region Flandern
Jagdstaffel 8: Flugplatz Rumbeke, Region Flandern

1. November 1917

Jagdstaffel 10: Flugplatz Heule, Region Flandern
Jagdstaffel 11: Flugplatz Bavichove, Region Flandern
Jagdstaffel 12: Region Flandern
Jagdstaffel 13: Region Elsaß
Jagdstaffel 14: Flugplatz Marchais, Region Marne
Jagdstaffel 15: Region Flandern
Jagdstaffel 16: Flugplatz Pomacle, Region Marne
Jagdstaffel 18: Region Flandern
Jagdstaffel 19: Region Elsaß
Jagdstaffel 2: Flugplatz Rumbeke, Region Flandern

Jagdstaffel 22: Flugplatz Vivaise, Region Marne
Jagdstaffel 23: Region Verdun
Jagdstaffel 26: Flugplatz Heule, Region Flandern
Jagdstaffel 27: Flugplatz Heule, Region Flandern
Jagdstaffel 29: Region Flandern
Jagdstaffel 30: Flugplatz Bachy, Region Flandern
Jagdstaffel 32: Region Flandern
Jagdstaffel 34: Flugplatz Cuirieux, Region Marne
Jagdstaffel 35: Flugplatz Cuirieux, Region Marne
Jagdstaffel 37: Flugplatz Wynghene, Region Flandern
Jagdstaffel 4: Flugplatz Cuerne, Region Flandern
Jagdstaffel 40: Region Verdun
Jagdstaffel 5: Region Flandern
Jagdstaffel 6: Flugplatz Bisseghem, Region Flandern
Jagdstaffel 7: Flugplatz Ingelmunster, Region Flandern
Jagdstaffel 8: Flugplatz Jabbecke, Region Flandern

1. Januar 1918

Jagdstaffel 10: Region Flandern
Jagdstaffel 11: Region Flandern
Jagdstaffel 12: Region Flandern
Jagdstaffel 13: Region Elsaß
Jagdstaffel 14: Flugplatz Marchais, Region Marne
Jagdstaffel 15: Region Flandern
Jagdstaffel 16: Region Verdun
Jagdstaffel 18: Region Flandern
Jagdstaffel 19: Region Elsaß
Jagdstaffel 2: Flugplatz Bavichove, Region Flandern
Jagdstaffel 22: Flugplatz Vivaise, Region Marne
Jagdstaffel 23: Region Verdun
Jagdstaffel 26: Flugplatz Marcke, Region Flandern
Jagdstaffel 27: Flugplatz Marcke, Region Flandern
Jagdstaffel 29: Region Flandern
Jagdstaffel 30: Flugplatz Bachy, Region Flandern
Jagdstaffel 32: Region Flandern
Jagdstaffel 34: Region Verdun
Jagdstaffel 35: Region Verdun
Jagdstaffel 37: Flugplatz Wynghene, Region Flandern
Jagdstaffel 4: Region Flandern
Jagdstaffel 40: Region Verdun
Jagdstaffel 43: Region Verdun
Jagdstaffel 49: Flugplatz Templevue, Region Flandern
Jagdstaffel 5: Region Flandern
Jagdstaffel 6: Region Flandern
Jagdstaffel 7: Flugplatz Ingelmunster, Region Flandern
Jagdstaffel 76: Region Elsaß
Jagdstaffel 77: Region Elsaß
Jagdstaffel 8: Region Elsaß

1. März 1918

Jagdstaffel 10: Region Flandern
Jagdstaffel 11: Region Flandern
Jagdstaffel 12: Flugplatz La Ferte Chevresis, Region Marne
Jagdstaffel 13: Region Elsaß
Jagdstaffel 14: Region Flandern
Jagdstaffel 15: Region Flandern
Jagdstaffel 16: Flugplatz Aetrycke, Region Flandern
Jagdstaffel 18: Region Flandern
Jagdstaffel 19: Flugplatz La Ferte Chevresis, Region Marne
Jagdstaffel 2: Flugplatz Marcke, Region Flandern
Jagdstaffel 22: Flugplatz Vivaise, Region Marne
Jagdstaffel 23: Region Verdun
Jagdstaffel 26: Flugplatz Marcke, Region Flandern
Jagdstaffel 27: Flugplatz Marcke, Region Flandern
Jagdstaffel 29: Region Flandern
Jagdstaffel 30: Flugplatz Templevue, Region Flandern
Jagdstaffel 32: Region Flandern
Jagdstaffel 34: Region Verdun
Jagdstaffel 35: Region Verdun
Jagdstaffel 37: Flugplatz Wynghene, Region Flandern
Jagdstaffel 4: Region Flandern
Jagdstaffel 40: Region Verdun
Jagdstaffel 43: Region Verdun
Jagdstaffel 46: Flugplatz Templevue, Region Flandern
Jagdstaffel 49: Region Flandern
Jagdstaffel 5: Region Flandern
Jagdstaffel 50: Flugplatz Marchais, Region Marne
Jagdstaffel 56: Region Flandern

Jagdstaffel 58: Region Flandern
Jagdstaffel 6: Region Flandern
Jagdstaffel 60: Region Verdun
Jagdstaffel 61: Flugplatz La Ferte Chevresis, Region Marne
Jagdstaffel 65: Flugplatz Sissone, Region Marne
Jagdstaffel 7: Flugplatz Rumbeke, Region Flandern
Jagdstaffel 73: Region Elsaß
Jagdstaffel 74: Region Elsaß
Jagdstaffel 75: Region Elsaß
Jagdstaffel 76: Region Elsaß
Jagdstaffel 77: Region Elsaß
Jagdstaffel 78: Region Elsaß
Jagdstaffel 79: Region Verdun
Jagdstaffel 8: Flugplatz Villers le Sec, Region Marne
Jagdstaffel 80: Region Verdun

1. Mai 1918

Jagdstaffel 10: Region Flandern
Jagdstaffel 11: Region Flandern
Jagdstaffel 12: Region Flandern
Jagdstaffel 13: Region Elsaß
Jagdstaffel 14: Region Flandern
Jagdstaffel 15: Region Flandern
Jagdstaffel 16: Flugplatz St. Marguerte, Region Flandern
Jagdstaffel 18: Region Flandern
Jagdstaffel 19: Flugplatz Roupy, Region Marne
Jagdstaffel 2: Flugplatz Halluin, Region Flandern
Jagdstaffel 22: Flugplatz Juniville, Region Marne
Jagdstaffel 23: Region Flandern
Jagdstaffel 26: Flugplatz Halluin, Region Flandern
Jagdstaffel 27: Flugplatz Halluin, Region Flandern
Jagdstaffel 29: Region Flandern
Jagdstaffel 30: Region Flandern
Jagdstaffel 32: Region Flandern
Jagdstaffel 34: Region Flandern
Jagdstaffel 35: Region Flandern
Jagdstaffel 37: Flugplatz Juniville, Region Marne
Jagdstaffel 4: Region Flandern
Jagdstaffel 40: Flugplatz Thielt, Region Flandern
Jagdstaffel 43: Region Flandern
Jagdstaffel 46: Region Flandern
Jagdstaffel 49: Flugplatz Jabbecke, Region Flandern
Jagdstaffel 5: Region Flandern
Jagdstaffel 50: Flugplatz Sissone, Region Marne
Jagdstaffel 56: Flugplatz Inglemunster, Region Flandern
Jagdstaffel 58: Flugplatz Roulers, Region Flandern
Jagdstaffel 6: Region Flandern
Jagdstaffel 60: Region Verdun
Jagdstaffel 61: Flugplatz Vivaise, Region Marne
Jagdstaffel 65: Flugplatz Sissone, Region Marne
Jagdstaffel 7: Flugplatz Rumbeke, Region Flandern
Jagdstaffel 73: Region Elsaß
Jagdstaffel 74: Region Elsaß
Jagdstaffel 75: Region Elsaß
Jagdstaffel 76: Region Flandern
Jagdstaffel 77: Region Flandern
Jagdstaffel 78: Region Elsaß
Jagdstaffel 79: Region Verdun
Jagdstaffel 8: Flugplatz La Fere, Region Marne
Jagdstaffel 80: Region Verdun

1. Juli 1918

Jagdstaffel 10: Flugplatz Pussieux Ferme, Region Marne
Jagdstaffel 11: Flugplatz Pussieux Ferme, Region Marne
Jagdstaffel 12: Region Flandern
Jagdstaffel 13: Region Elsaß
Jagdstaffel 14: Region Flandern
Jagdstaffel 15: Flugplatz Vivaise, Region Marne
Jagdstaffel 16: Flugplatz St. Marguerte, Region Flandern
Jagdstaffel 18: Region Verdun
Jagdstaffel 19: Flugplatz Roupy, Region Marne
Jagdstaffel 2: Flugplatz Sissone, Region Marne
Jagdstaffel 22: Flugplatz Gomont, Region Marne
Jagdstaffel 23: Flugplatz Ghistelles, Region Flandern
Jagdstaffel 26: Flugplatz Vivaise, Region Marne
Jagdstaffel 27: Flugplatz Vivaise, Region Marne
Jagdstaffel 29: Region Flandern
Jagdstaffel 30: Region Flandern
Jagdstaffel 32: Region Flandern
Jagdstaffel 34: Region Flandern
Jagdstaffel 35: Region Flandern
Jagdstaffel 37: Flugplatz Juniville, Region Marne

Jagdstaffel 4: Flugplatz Pussieux Ferme, Region Marne
Jagdstaffel 40: Flugplatz Thielt, Region Flandern
Jagdstaffel 43: Region Flandern
Jagdstaffel 46: Region Flandern
Jagdstaffel 49: Flugplatz Vivaise, Region Marne
Jagdstaffel 5: Region Flandern
Jagdstaffel 50: Flugplatz Sissone, Region Marne
Jagdstaffel 56: Flugplatz Rumbeke, Region Flandern
Jagdstaffel 57: Region Flandern
Jagdstaffel 58: Region Flandern
Jagdstaffel 6: Flugplatz Pussieux Ferme, Region Marne
Jagdstaffel 60: Region Verdun
Jagdstaffel 61: Flugplatz Chambry, Region Marne
Jagdstaffel 65: Flugplatz Sissone, Region Marne
Jagdstaffel 7: Flugplatz St. Marguerte, Region Flandern
Jagdstaffel 73: Region Elsaß
Jagdstaffel 74: Region Elsaß
Jagdstaffel 75: Region Elsaß
Jagdstaffel 76: Region Flandern
Jagdstaffel 77: Region Flandern
Jagdstaffel 78: Region Elsaß
Jagdstaffel 79: Region Verdun
Jagdstaffel 8: Region Flandern
Jagdstaffel 80: Region Verdun

1. September 1918

Jagdstaffel 10: Region Flandern
Jagdstaffel 11: Region Flandern
Jagdstaffel 12: Flugplatz Foreste, Region Marne
Jagdstaffel 13: Region Elsaß
Jagdstaffel 14: Region Flandern
Jagdstaffel 15: Region Verdun
Jagdstaffel 16: Flugplatz St. Marguerte, Region Flandern
Jagdstaffel 18: Region Verdun
Jagdstaffel 19: Region Verdun
Jagdstaffel 2: Region Flandern
Jagdstaffel 22: Flugplatz Gomont, Region Marne
Jagdstaffel 23: Flugplatz Ghistelles, Region Flandern
Jagdstaffel 26: Flugplatz Vivaise, Region Marne
Jagdstaffel 27: Flugplatz Vivaise, Region Marne
Jagdstaffel 29: Region Flandern
Jagdstaffel 30: Region Flandern
Jagdstaffel 32: Region Elsaß
Jagdstaffel 34: Region Flandern
Jagdstaffel 35: Region Flandern
Jagdstaffel 37: Flugplatz Juniville, Region Marne
Jagdstaffel 4: Region Flandern
Jagdstaffel 40: Flugplatz Thielt, Region Flandern
Jagdstaffel 43: Region Flandern
Jagdstaffel 46: Region Flandern
Jagdstaffel 49: Flugplatz Sissone, Region Marne
Jagdstaffel 5: Region Flandern
Jagdstaffel 50: Flugplatz Pomacle, Region Marne
Jagdstaffel 56: Flugplatz Rumbeke, Region Flandern
Jagdstaffel 57: Region Flandern
Jagdstaffel 58: Region Flandern
Jagdstaffel 6: Region Flandern
Jagdstaffel 60: Region Verdun
Jagdstaffel 61: Flugplatz Chambry, Region Marne
Jagdstaffel 65: Region Elsaß
Jagdstaffel 7: Flugplatz St. Marguerte, Region Flandern
Jagdstaffel 73: Region Elsaß
Jagdstaffel 74: Region Elsaß
Jagdstaffel 75: Region Elsaß
Jagdstaffel 76: Region Elsaß
Jagdstaffel 77: Region Verdun
Jagdstaffel 78: Region Elsaß
Jagdstaffel 79: Region Verdun
Jagdstaffel 8: Region Flandern
Jagdstaffel 80: Region Verdun

1. November 1918

Jagdstaffel 10: Region Verdun
Jagdstaffel 11: Region Verdun
Jagdstaffel 12: Flugplatz Foreste, Region Marne
Jagdstaffel 13: Region Elsaß
Jagdstaffel 14: Flugplatz Hooey Hock, Region Flandern
Jagdstaffel 15: Region Verdun
Jagdstaffel 16: Flugplatz St. Marguerte, Region Flandern
Jagdstaffel 18: Region Verdun
Jagdstaffel 19: Region Verdun

Jagdstaffel 2: Region Flandern
Jagdstaffel 22: Flugplatz Gomont, Region Marne
Jagdstaffel 23: Flugplatz Ghistelles, Region Flandern
Jagdstaffel 26: Region Flandern
Jagdstaffel 27: Region Verdun
Jagdstaffel 29: Flugplatz Aertycke, Region Flandern
Jagdstaffel 30: Region Flandern
Jagdstaffel 32: Region Flandern
Jagdstaffel 34: Region Flandern
Jagdstaffel 35: Region Flandern
Jagdstaffel 37: Flugplatz Juniville, Region Marne
Jagdstaffel 4: Region Verdun
Jagdstaffel 40: Flugplatz Thielt, Region Flandern
Jagdstaffel 43: Flugplatz Harlebecke, Region Flandern
Jagdstaffel 46: Region Flandern
Jagdstaffel 49: Region Elsaß
Jagdstaffel 5: Region Flandern
Jagdstaffel 50: Flugplatz Chery les Pouilly, Region Marne
Jagdstaffel 56: Flugplatz Rumbeke, Region Flandern
Jagdstaffel 57: Region Flandern
Jagdstaffel 58: Region Flandern
Jagdstaffel 6: Region Verdun
Jagdstaffel 60: Region Verdun
Jagdstaffel 61: Flugplatz Chambry, Region Marne
Jagdstaffel 65: Region Verdun
Jagdstaffel 7: Flugplatz St. Marguerte, Region Flandern
Jagdstaffel 73: Region Elsaß
Jagdstaffel 74: Region Elsaß
Jagdstaffel 75: Region Elsaß
Jagdstaffel 76: Region Elsaß
Jagdstaffel 77: Region Elsaß
Jagdstaffel 78: Region Elsaß
Jagdstaffel 79: Region Verdun
Jagdstaffel 8: Region Verdun
Jagdstaffel 80: Region Verdun

Französische Geschwader

1. April 1916

Esc 57: Region Verdun
Esc 65: Region Verdun
Esc Lafayette: Region Verdun
Esc 15: Region Verdun
Esc 3: Region Verdun
Esc 38: Flugplatz Auve, Region Marne
Esc 49: Region Elsaß
Esc 67: Region Verdun
Esc 103: Region Flandern
Esc 79: Region Verdun
Esc 68: Region Verdun
Esc 73: Region Verdun
Esc 26: Region Verdun

1. Juni 1916

Esc 57: Region Verdun
Esc 65: Region Verdun
Esc Lafayette: Region Verdun
Esc 15: Region Flandern
Esc 3: Region Flandern
Esc 38: Flugplatz Auve, Region Marne
Esc 49: Region Elsaß
Esc 67: Region Verdun
Esc 103: Region Flandern
Esc 79: Region Verdun
Esc 68: Region Verdun
Esc 73: Region Flandern
Esc 26: Region Flandern

1. August 1916

Esc 57: Region Verdun
Esc 65: Region Verdun
Esc Lafayette: Region Verdun
Esc 15: Region Flandern
Esc 3: Region Flandern
Esc 38: Flugplatz Auve, Region Marne
Esc 49: Region Elsaß
Esc 67: Region Verdun
Esc 73: Region Flandern
Esc 103: Region Flandern
Esc 79: Region Verdun
Esc 68: Region Verdun
Esc 26: Region Flandern

1. Oktober 1916

Esc 57: Region Verdun
Esc 65: Region Flandern
Esc Lafayette: Region Elsaß
Esc 15: Region Flandern
Esc 3: Region Flandern
Esc 38: Flugplatz Auve, Region Marne
Esc 49: Region Elsaß
Esc 67: Region Verdun
Esc 73: Region Flandern
Esc 77: Region Verdun
Esc 103: Region Flandern
Esc 79: Region Verdun
Esc 68: Region Verdun
Esc 26: Region Flandern
Esc 103: Region Flandern
Esc 57: Region Verdun
Esc 65: Flugplatz Ravenel, Region Marne
Esc Lafayette: Region Flandern
Esc 15: Region Flandern
Esc 3: Region Flandern
Esc 38: Flugplatz Auve, Region Marne
Esc 49: Region Elsaß
Esc 67: Region Verdun
Esc 73: Region Flandern
Esc 77: Region Verdun
Esc 79: Region Verdun
Esc 68: Region Elsaß
Esc 26: Region Flandern

1. Januar 1917

Esc 103: Region Flandern
Esc 57: Region Verdun
Esc 65: Flugplatz Ravenel, Region Marne
Esc Lafayette: Region Flandern
Esc 15: Region Flandern
Esc 3: Region Flandern
Esc 38: Flugplatz Auve, Region Marne
Esc 49: Region Elsaß
Esc 67: Region Verdun
Esc 73: Region Flandern
Esc 77: Region Verdun
Esc 81: Flugplatz Sacy le Grand, Region Marne
Esc 79: Region Verdun
Esc 68: Region Elsaß
Esc 26: Region Flandern

1. März 1917

Esc 103: Region Verdun
Esc 57: Region Verdun
Esc 65: Flugplatz St. Just, Region Marne
Esc 79: Region Verdun
Esc 84: Flugplatz Ravenel, Region Marne
Esc Lafayette: Region Flandern
Esc 15: Region Flandern
Esc 3: Region Verdun
Esc 38: Flugplatz Auve, Region Marne
Esc 49: Region Elsaß
Esc 67: Region Verdun
Esc 73: Region Verdun
Esc 77: Region Verdun
Esc 81: Flugplatz Sacy le Grand, Region Marne
Esc 68: Region Elsaß
Esc 26: Region Verdun

1. Mai 1917

Esc 103: Flugplatz Bonne Maison, Region Marne
Esc 57: Flugplatz Lhery, Region Marne
Esc 65: Flugplatz Chaudon, Region Marne

Esc 79: Region Verdun
Esc 84: Flugplatz Bonneuil, Region Marne
Esc Lafayette: Region Flandern
Esc 15: Region Flandern
Esc 3: Flugplatz Bonne Maison, Region Marne
Esc 38: Flugplatz La Noblette Ferme, Region Marne
Esc 49: Region Elsaß
Esc 67: Region Verdun
Esc 73: Flugplatz Bonne Maison, Region Marne
Esc 77: Region Verdun
Esc 81: Flugplatz La Noblette Ferme, Region Marne
Esc 95: Region Verdun
Esc 68: Region Elsaß
Esc 26: Flugplatz Bonne Maison, Region Marne

1. Juli 1917

Esc 103: Flugplatz Bonne Maison, Region Marne
Esc 57: Flugplatz Lhery, Region Marne
Esc 65: Flugplatz Foquerolles, Region Marne
Esc 79: Region Verdun
Esc 84: Flugplatz Bonneuil, Region Marne
Esc 95: Region Verdun
Esc Lafayette: Flugplatz Fismes, Region Marne
Esc 15: Flugplatz Merville, Region Flandern
Esc 3: Flugplatz Bonne Maison, Region Marne
Esc 38: Flugplatz La Noblette Ferme, Region Marne
Esc 49: Region Elsaß
Esc 67: Region Verdun
Esc 73: Flugplatz Bonne Maison, Region Marne
Esc 77: Region Verdun
Esc 81: Flugplatz La Noblette Ferme, Region Marne
Esc 96: Region Verdun
Esc 26: Flugplatz Bonne Maison, Region Marne

1. September 1917

Esc 103: Flugplatz St. Pol sur Mere, Region Flandern
Esc 57: Flugplatz Bergues, Region Flandern
Esc 65: Region Verdun
Esc 79: Region Verdun
Esc 84: Flugplatz Bonneuil, Region Marne
Esc 95: Flugplatz Maison Nueve, Region Marne
Esc Lafayette: Region Verdun
Esc 15: Flugplatz Merville, Region Flandern
Esc 154: Flugplatz Bonneuil, Region Marne
Esc 3: Flugplatz St. Pol sur Mere, Region Flandern
Esc 38: Flugplatz La Noblette Ferme, Region Marne
Esc 49: Region Elsaß
Esc 67: Flugplatz Bonneuil, Region Marne
Esc 73: Flugplatz St. Pol sur Mere, Region Flandern
Esc 77: Region Verdun
Esc 81: Region Verdun
Esc 96: Region Verdun
Esc 68: Region Elsaß
Esc 26: Flugplatz St. Pol sur Mere, Region Flandern

1. November 1918

Esc 100: Flugplatz Hauvine, Region Marne
Esc 103: Flugplatz Hauvine, Region Marne
Esc 57: Flugplatz Frencheville, Region Marne
Esc 65: Flugplatz Marson, Region Marne
Esc 79: Region Verdun
Esc 84: Flugplatz Marson, Region Marne
Esc 95: Flugplatz Trecon, Region Marne
Esc Lafayette: Region Verdun
Esc 15: Region Flandern
Esc 154: Flugplatz Tille, Region Marne
Esc 158: Flugplatz Cappelle, Region Flandern
Esc 159: Region Verdun
Esc 163: Flugplatz Villers St. George, Region Marne
Esc 164: Flugplatz Saints, Region Marne
Esc 167: Flugplatz La Noblette Ferme, Region Marne
Esc 3: Flugplatz Hauvine, Region Marne
Esc 38: Flugplatz Fere en Tardenois, Region Marne
Esc 49: Region Elsaß
Esc 67: Region Verdun
Esc 73: Flugplatz Hauvine, Region Marne
Esc 77: Flugplatz Plessis-Belleville, Region Marne
Esc 81: Flugplatz Cernon, Region Marne
Esc 96: Flugplatz Plessis-Belleville, Region Marne
Esc 26: Region Flandern

U.S. Geschwader

1. April 1918

103. Aero: Flugplatz La Noblette Ferme, Region Marne
147. Aero: Flugplatz La Gorgue, Region Flandern
94. Aero: Region Verdun
95. Aero: Region Verdun

1. Juni 1918

103. Aero: Flugplatz Bray Dunes, Region Flandern
147. Aero: Region Verdun
148. Aero: Flugplatz Cappelle, Region Flandern
94. Aero: Region Verdun
95. Aero: Region Verdun

1. August 1918

103. Aero: Region Vedun
147. Aero: Flugplatz Saints, Region Marne
148. Aero: Flugplatz Cappelle, Region Flandern
17. Aero: Flugplatz Petite Synthe, Region Flandern
27. Aero: Flugplatz Saints, Region Marne
28. Aero: Region Verdun
94. Aero: Region Verdun
95. Aero: Region Verdun

1. Oktober 1918

103. Aero: Region Vedun
138. Aero: Region Verdun
147. Aero: Region Verdun
148. Aero: Region Flandern
17. Aero: Region Flandern
22. Aero: Region Verdun
25. Aero: Region Verdun
27. Aero: Region Verdun
28. Aero: Region Verdun
94. Aero: Region Verdun
95. Aero: Region Verdun

Red Baron II
Multi-Player